INTRODUCING Continental Philosophy: A GRAPHIC GUIDE
by Christopher Kul-Want and Piero&Copyright: TEXT and
ILLUSTRATIONS ©2013 ICON BOOKS LTD;
This edition arranged with THE MARSH AGENCY LTD&Icon Books Ltd.
through BIG APPLE AGENCY, INC., LABUAN, MALAYSIA.
Simplified Chinese edition copyright:
2021 SDX JOINT PUBLISHING CO. LTD.
All rights reserved.

欧陆哲学

Introducing Continental Philosophy

克里斯托弗·库尔－万特（Christopher Kul-Want）/ 文

皮耶罗（Piero）/ 图

杨晨 / 译

Simplified Chinese Copyright © 2021 by SDX Joint Publishing Company.
All Rights Reserved.
本作品简体中文版权由生活·读书·新知三联书店所有。
未经许可，不得翻印。

图书在版编目（CIP）数据

欧陆哲学／（英）克里斯托弗·库尔-万特文；（英）皮耶罗图；杨晨译.—北京：生活·读书·新知三联书店，2021.1（2025.5重印）
（图画通识丛书）
ISBN 978-7-108-06911-5

Ⅰ.①欧… Ⅱ.①克…②皮…③杨… Ⅲ.①哲学史-研究-欧洲 Ⅳ.①B5

中国版本图书馆CIP数据核字（2020）第134743号

责任编辑	周玖龄
装帧设计	张　红
责任印制	卢　岳
出版发行	生活·讀書·新知 三联书店
	（北京市东城区美术馆东街22号 100010）
网　　址	www.sdxjpc.com
图　　字	01-2018-7189
经　　销	新华书店
印　　刷	北京隆昌伟业印刷有限公司
版　　次	2021年1月北京第1版
	2025年5月北京第2次印刷
开　　本	787毫米×1092毫米 1/32 印张5.75
字　　数	50千字 图174幅
印　　数	08,001-11,000册
定　　价	39.00元

（印装查询：01064002715；邮购查询：01084010542）

目 录

001 创造性地思考
002 什么是欧陆哲学?
004 一群卓越的人
006 欧陆哲学对抗分析哲学
008 逻辑的价值
009 共同的历史
010 反抗压迫
012 理论的局限
015 探索未知
016 经验与自我
017 对于结构的追寻
018 对于普遍真理的怀疑
020 意识的幻象
021 象征系统
023 交流的特洛伊木马
025 无意识:一个盲点
026 交换的普遍中介

028 "不可计算的关联"
029 "他们不知道,但他们正在做"
030 康德与不可知的
031 康德的哥白尼式革命
032 新的力量
034 他异性:他者
035 崇高(Sublime)
038 尼采的裁决:上帝死了
040 形而上学(metaphysics)之死?
042 形而上学与语言
044 视角的问题
045 虚无主义的幽灵
047 荒诞的形而上学
048 康德退缩了
050 走后门的形而上学
051 殖民的"他者"

- 053 重新思考不可知
- 054 权力意志
- 056 爱邻人？
- 058 超人的诞生
- 059 海德格尔：现代性的终结？
- 061 技术的威胁
- 063 黑格尔：历史的完美终结
- 064 主人与奴隶
- 065 存在与时间
- 066 现代性的问题
- 067 此在（Dasein）
- 069 知识的界限
- 070 艺术作为终结的标志
- 072 对于一种主义的困惑
- 073 法兰克福学派
- 075 作为欲望的消费
- 076 反艺术
- 078 瓦尔特·本雅明和"发达资本主义"
- 079 暴力与法律
- 080 反抗资本主义逻辑
- 082 蒙太奇的力量
- 083 可见的异化
- 085 进步的风暴
- 086 尼采的深远影响
- 087 开支的哲学
- 090 充盈的过度
- 091 心理分析中的虚构与现实
- 093 "我自己不存在……"
- 096 萨特：存在主义与本真状态
- 097 恶心：语言背后的混沌
- 100 自由选择
- 102 以承诺对抗恐惧
- 104 存在主义与马克思主义
- 105 1968：分水岭
- 106 拒绝固定的意义
- 108 意识形态的瓦解
- 110 事件性的发生
- 111 共产主义的痕迹
- 113 利奥塔：知识的问题
- 115 信息过量
- 116 人脑的极限
- 117 朗西埃与未被听见的声音
- 119 德里达：在场的形而上学
- 120 索绪尔的无限制的含义
- 121 解构
- 122 变戏法的德里达
- 125 "可能"

126 思考友谊	167 纯粹内在
128 回到尼采	168 挣脱镣铐
130 男性 – 逻各斯中心主义	169 词汇表
132 女性不可或缺	172 延伸阅读
134 极度欢愉（Jouissance）	174 致谢
136 表象的空洞	175 索引
139 作为生产者的主体	
140 私人与政治	
141 生产生产者	
142 生命政治学：权力的多种动力	
144 为了规范而监视	
146 恐怖主义国家	
147 分离暴力和法律	
148 语言的力量	
150 "好似没有"	
151 既非天堂亦非地狱	
152 "我倾向于不干"	
153 中产阶级的黑洞	
155 死亡的他异性	
156 零度语言	
158 德勒兹："精神分裂分析"	
160 反 – 俄狄浦斯	
161 《变形记》：精神分裂式的欲望	
164 无器官身体	

创造性地思考

正如伟大的欧陆哲学家弗里德里希·尼采所宣称的那样,只有当我们不再期望世界来回答并且模仿我们关于自己的假设时,我们才能开始**创造性地**思考与生活。否则我们很可能会变得麻木而自负。

喂,永不停歇的行尸走肉们,喂!
延长着那些无聊的故事,
书呆子,脑袋和膝盖同样僵硬,
傻瓜们,没有一点幽默感,
永远都平庸,
缺乏创造性,亦没有智慧![1]

---

[1] 作者引自尼采 *Beyond Good and Evil*,228 节。作者引用时略作改写,现翻译原文如下(译自 Nietzsche, *Beyond Good and Evil*, ed. Rolf-Peter Horstmann & Judith Norman, trans. Judith Norman, Cambridge University Press, 2002):伟大的独轮车的推动者,我们向你致敬,/ "愈多愈好"永远适用于你,/ 脑袋与膝盖永远僵硬,/ 缺乏精神,同样没有幽默感,/ 始终平庸,/ 缺乏创造力,亦没有智慧。——译者注

什么是欧陆哲学?

"欧陆哲学"是指想要超出那种被尼采讽刺为舒适的自欺而存在的欲望。如果我们的思想僵化不变,那么产生变化和创造的生命的力量就会消耗殆尽。

最终的结果是对于同一件单调无聊的琐事的重复,一种活死人的状态。

欧陆哲学基于如下洞见:思想能够反抗惯性和那难以抑制的保持一成不变的愿望。

欧陆哲学是指从18世纪启蒙运动开始直至今日的欧洲思想家所发展出的一种激进的哲学形式。欧陆哲学的主要思想家源自德国和北欧，但是到20世纪中叶为止，这种思考大幅转移到了法国。正如当今法国最重要的哲学家之一——阿兰·巴迪欧——所观察的那样：

事实上，所有的法国哲学都肇始于20世纪三四十年代对德国文化传统的讨论。

从以下这点，便可知道20世纪法国哲学与早期德国思想的密切关联：这一时期的几乎每一位重要的法国哲学家都发表过关于康德、黑格尔、尼采和海德格尔等伟大德国哲学家的著作。

一群卓越的人

欧陆哲学所代表的无与伦比的肥沃思想土壤,从一份有关它的主要哲学家名单中就可见一斑。

来自德国和北欧的哲学家包括:

伊曼纽尔·康德
约翰·戈特利布·费希特
弗里德里希·谢林
格奥尔格·W. F. 黑格尔
亚瑟·叔本华
弗里德里希·尼采
埃德蒙德·胡塞尔
马丁·海德格尔

欧陆哲学传统之中最重要的法国哲学家则包括:

乔治·巴塔耶
莫里斯·梅洛-庞蒂
让-保罗·萨特
罗兰·巴特
莫里斯·布朗肖
让-弗朗索瓦·利奥塔
米歇尔·福柯
雅克·德里达
吉尔·德勒兹
吕斯·伊里加雷
让-吕克·南希
雅克·朗西埃
阿兰·巴迪欧

因为当代法国哲学长久以来都与心理分析以及马克思主义*学术传统有着交流，所以，欧陆哲学家的名单同样包括心理分析学家西格蒙德·弗洛伊德、梅拉妮·克莱因、雅克·拉康和朱莉娅·克里斯蒂娃，以及卡尔·马克思和法兰克福学派，特别是马克斯·霍克海默、西奥多·阿多诺、赫伯特·马尔库塞、瓦尔特·本雅明和尤尔根·哈贝马斯。

如今，欧陆哲学不再仅限于法国。来自斯洛文尼亚的斯拉沃伊·齐泽克，以及意大利的哲学家，例如吉奥乔·阿甘本、詹尼·凡蒂莫都在此领域做出了重大贡献。

* 星标术语会在书末词汇表中给出解释。——原书注

欧陆哲学对抗分析哲学

如今,大家普遍将欧陆哲学与分析哲学视为两种占据主导地位的哲学类别。"欧陆哲学"一词最早于20世纪50年代出现在英国大学的分析哲学系,它是一个批评性的,甚至是侮辱性的词语。美国的大学在20世纪六七十年代也如法炮制。

欧陆哲学代表着那些我们分析哲学家想要反驳的思想。

"欧陆哲学"一词出现于20世纪中叶,任何在18世纪、19世纪或者20世纪前半叶写作的哲学家都不会承认这个词。

分析哲学与欧陆哲学通常针锋相对，而分属不同阵营的哲学家之间也就彼此的著作有着许多争论。在刚过去的 40 多年里，这些争论对大学哲学系的学术议题和人员配备产生了深远的影响。

分析哲学持续统治着美国甚至欧洲的哲学系。

虽然欧陆哲学有时也会出现在哲学系中，但是它的影响更多存在于人文学科，存在于文学研究、艺术理论以及文化研究等领域。

逻辑的价值

分析哲学将自己的起源追溯至**伯特兰·罗素**（Bertrand Russell，1872—1970）和**路德维希·维特根斯坦**（Ludwig Wittgenstein，1889—1951）的哲学。20世纪前期，在剑桥大学，分析哲学传统的奠基者将数学和语言中的推理结构置于**逻辑**的批评之下。

我们用逻辑来测试数学、语言就意义而言是否有效。

如今，分析哲学是一个包含着许多跨学科关切的广泛学科领域。但是在20世纪50年代，人们相信分析哲学作为一种获得客观性，或者至少是某种形式的公平性的方式，代表了逻辑在严格性和清晰性方面的宝贵价值。与此相反，最好的情况下，欧陆哲学也仅仅被视为文学和诗歌的一个分支，而最坏的情况下，它则是某种以晦涩和艰深的语言掩饰其缺乏理性的诡辩。

共同的历史

分析哲学和欧陆哲学都将自己的起源追溯至德国哲学,以及 17 世纪的笛卡尔,并最终追溯至古希腊哲学(前苏格拉底、柏拉图、亚里士多德等)。考虑到这些共同的历史,我们看到的这两种进路之间的差异可能并不总是那么明显。

如今,有一些哲学家,例如美国的理查德·罗蒂和胡贝特·德雷福斯,他们对于两种传统均有涉及。

而且分析哲学家维特根斯坦的如下观点在欧陆哲学中得到了响应:语言,作为一种游戏的形式,其结构是在不断变化的。

撇开这些根深蒂固的观点,以及分析哲学、欧陆哲学对立二分的陈词滥调不谈,这本书将着重关注法国哲学及其自 20 世纪中叶开始从德国前辈那里继承的东西。

反抗压迫

欧陆哲学着手处理的第一件事就是关于**压迫**的，或者说是关于不自由的，因为这既适用于个体也适用于社会。

广义的压迫可以定义为对如何思考、如何表现，以及最终如何体验生活的既定价值和观念的固守……

……不论这种固守是有意为之还是无心之举，是自愿还是被迫。

紧接着，欧陆哲学所关心的第二件事是如何思考、如何书写并最终肯定从压迫之中获得自由的可能性——但是这不能诉诸那些先入为主的观念，这些观念规定着自由的经验可能由什么组成，或者是什么样子的，因为这会导致更进一步的压迫。

为了分析个人形式和社会形式的压迫，欧陆哲学利用一种积极的**解释性的**（有时称为解释学*的）和**历史性的**进路来理解它们的起源，以及它们结构性的运作。

这并不必然是为了消解维系着压迫的思想，而是为了使它向着自身的矛盾、省略的内容以及幻想而开放。

第一位采取这种方法的哲学家是**弗里德里希·尼采**（Friedrich Nietzsche，1844—1900）。他用"谱系学"一词指涉对力量和意识形态*的推动力的分析，并探究了西方思想中肇始于公元前5世纪的柏拉图哲学，并在随后到来的基督教神学中得到发展的压迫倾向。

理论的局限

欧陆哲学家将压迫视为西方历史内部持续不断的负担,因此他们提供了思考如何克服这一处境的方式,包括承认**无意识**的地位(因此与精神分析密切相关)。

许多伟大的欧陆哲学家发展出了自己详尽的体系和结构,但他们的作品同样充满了文学性的风格,这是为了使简单的观念不再清楚分明,由此允许语言发挥出自己的巧计、把戏和流动性。

出于这一目的,许多欧陆哲学家的哲学之中包含着故事、警句和格言(包括尼采、本雅明、巴特和德里达)。或者他们使用晦涩而复杂的措辞和句子。这些句子往往艰涩难懂,刻意超出那些习以为常和信以为真的东西(例如海德格尔、阿多诺、德里达和德勒兹)。

欧陆哲学家绝不是第一批将这样的文学技巧引入作品的人。希腊哲学家**赫拉克利特**（Heraclitus，公元前535—前475）就操纵句子结构，并且用一系列运用了韵律、谐音和双关语的格言警句写就了《论自然》(*Phusis*)一书。赫拉克利特的一句诗体格言是：

> 同一条河流，我们无法两次踏入，不同的水流过。

另一处语言游戏的例子则利用的是古希腊单词"bios"的几种含义——"那条船（bios），它的名字是生命（bios），它的工作是死亡"。在这两句格言之中，赫拉克利特用不同层次的隐喻去削弱存在的任何固定含义。因此，在第一句格言中，河流以及第二次踏入这条河的人永远不能保持同一；而在第二句格言中，死亡才是生命的工作。

探索未知

尼采和海德格尔都很崇拜赫拉克利特。赫拉克利特接受互相对立的观点的能力以及他所持有的关于"实在"总是有不同的观点和视角这一洞见深深地触动了他们。然而，最重要的是，他们欣赏赫拉克利特的如下观点：创造和变化是关于探索未知的。

> 如果你不预期着不可预期的，你就永远也无法发现它。

尼采赞美赫拉克利特道："在接近他的时候，我比在任何其他地方都感到更加温暖，感觉更好。最后，我所教授的东西可能他都已经教授过了。"(《看这个人：尼采自传》，1888)

经验与自我

经验这一问题——对于压迫的经验,或者独立于压迫的经验——是欧陆哲学思考的核心。它无可避免地带来了一些问题,即经验如何能够被表象以及谁能够来表象它。

而这又引发了关于**自我**概念的问题(在哲学中这一概念称为**主体**,"我")。

传统上,自我通过几个不同的要素被定义。首先是如下观念:自我与其他自我通过被称为"人性"的本质联结在一起。分析哲学家,尤其是**诺姆·乔姆斯基**(Noam Chomsky,1928年生),曾论证道:除非存在某些相对不变的人性,否则真正的科学理解就是不可能的。

对于结构的追寻

对于乔姆斯基而言，存在一种构成心灵的生物 – 物理**结构**，它使得个体和人类整体发展出语言以及符号交流的种种形式。

必然存在某些指导我们社会、理智以及个体行为的内在主导原则。有某些东西在生理上就是被给定的、不可改变的，无论我们用我们的心智能力做什么，它都是必不可少的基础。

乔姆斯基的整个学术生涯都在揭示这些结构，目的是发现可被证实的关于人的心灵的数学理论。

对于普遍真理的怀疑

与以乔姆斯基为代表的分析哲学家不同,欧陆哲学家并没有将自己的目标设定为发现确定性的外在位置,从而提供可以被普遍应用的关于主体的理论或理解。欧陆哲学家对有关普遍真理的断言是极度怀疑的,尽管在深层的分析中,他们也并不必然反对普遍真理。

至于内在人性或人格的问题(例如发展出语言的倾向),以**米歇尔·福柯**(Michel Foucault,1926—1984)为代表的欧陆哲学家的回应是将这一问题改变为:

人性这一概念在我们的社会中是如何发挥作用的,为什么需要相信这一概念?

福柯认为没有超出历史与社会之外的普遍知识。因此，福柯的计划是检验概念的社会功能和影响，以及更加广泛的、在特定历史时刻塑造社会实践（医疗的、科学的、经济的和智识的）的**话语***（体系性的思考）。

然而，即便考虑到福柯的严谨与博学，他最终仍在怀疑这种对于知识的欲望。和所有欧陆哲学家一样，福柯的研究是被阐明追求知识中所包含的推动力量这一兴趣所指引的。

意识的幻象

传统上,定义自我这一观念的第二个基础是**意识**。然而,在欧陆哲学中,意识以及一个独立的主体等观念最终都是毫无用处的幻象,最终可被归结为一种对于自我控制的不可能实现的欲望,因为我们不可能在任何时刻都知晓在我们脑子里发生的全部事情。

西方哲学中,在 17 世纪,当**勒内·笛卡尔**(René Descartes,1596—1650)质疑我们是否拥有知晓存在和世界的实在这一能力时,意识这一议题到了生死存亡的关头。最终,笛卡尔通过宣称他自己对于世界存在的怀疑证明了思想的存在,从而限定了这一怀疑。这使他说出了著名的格言"我思故我在"(Cogito ergo sum)。

我思,因此我怀疑……

象征系统

如今,通过笛卡尔的意识观念所定义的自我这一概念正被全面地反思。对于精神分析学家**雅克·拉康**(Jacques Lacan,1901—1981)来说,意识明显是一种因我们对于语言的依赖而产生的幻象;类似地,自我则是因我们对于"象征系统"的依赖而创造出的建构物。

> 象征系统既是某种**交流性的体系**(例如语言、交谈、货币交易的方式、游戏或者某一符号的体系),也是支配着这一体系的**规则**。

象棋能够很好地说明规则在一个符号性体系中是如何运作的。每一枚棋子只能以特定的方式移动。类似的观念同样可以运用于语言:语法需要被盲目且自发地遵守,因为我们不可能在任何时候都意识到这些语法规则。如果脑子每时每刻都想着这些规则,言语就会崩溃。

同样地,也有一些主导着社会交往,影响礼节、友谊和社交空间的规则,而这些规则在我们的日常生活中通常不会被有意识地注意或考虑。同样还有一整套关于何时不能说或做何事的禁忌和禁令。虽然我们都这样做,但服从这些语言和社交互动形式的规则并不是一个自然的过程。

进入这样的象征系统并不是自然的或内在于人类基因密码的,对于人类而言,并不存在与生俱来的"语言天赋"。

交流的特洛伊木马

拉康认为象征系统于人而言是一种用于交流的礼物。但是，正如木马对于特洛伊人一样，象征系统于人而言也可能是危险的。

它将自己免费提供给我们使用。但我们一旦接受它，它就将我们殖民化了。

通过使用语言——我们每时每刻都在用它交流和思考——我们本质上是无意识的存在者。尽管我们可能熟悉那些支配语言和交流的语法与社会规则，但是我们不可能在参与交流的过程中对它们有所觉察。

所有这些支配符号性体系运作的规则都奠基于一个基本规则或者规律：**意义依赖于符号性体系自身**。并且悖谬的是，即使这种依赖性被认识到，也只有在象征系统之内才能认识到。无论我们如何努力去觉察我们对于象征系统的依赖，不论我们如何想要展现或者定义这种依赖，我们依旧无法走出这种依赖。只要我们说话和思考，我们就必须与象征系统缔结条约并且服从这一体系，别无他法。

无意识：一个盲点

拉康认为无意识是主体之内的盲点。为了交流，或仅仅为了思考，主体注定永远都要参与到象征系统之中，并且总是被社会必然性驱使着去这样做，因此主体永远也不能获得关于决定他/她自我形成的那些东西的全部意识。

主体对象征系统的持续服从不断失败，加上它不能完全认识这一点，由此，无意识得以**产生**。

如此，无意识既不可知也无法被表象，这样一来，就自然保存下了一种能够获得有意识的意义和控制的理想主义幻想。

交换的普遍中介

卡尔·马克思（Karl Marx，1818—1883）在他自己的领域——政治经济学中，也得出了与拉康类似的结论，即主体是在参与象征系统的过程中形成的。马克思在他的《资本论》（*Capital*，1867）中指出，包括资本主义在内的全部经济体系都依赖于一个普遍的中介——在资本主义中，这一中介是货币——通过这一中介，所有能够交换和出售的东西都可以被测量和评估。

一个商品的价值预设了另一个东西的形式，即货币。

在大多数货币并不存在的前资本主义社会中——例如古埃及——关于什么才能构成一个公平的交易，同样有一个根深蒂固且众所周知的标尺。

正如马克思所指出的，单一交换中介的使用——不论是货币还是其他——将每一个劳动产品、商品和其他物品置于同一个普遍的交易体系之中。虽然这使得计算性的交换得以实现，但同时也抑制了不同劳动产品、商品或其他物品之间存在绝对差异的可能。马克思的观点在于质疑以比较的方式去评估产品和商品的可行性——包括制造物品所消耗的劳动量和时间。

"不可计算的关联"

马克思认为，资本主义统治之下的交易者和消费者通常能够认识到，试图将每一个产品、商品和物品都放到一个普遍的以货币来度量的交易体系之中是荒唐的。由于时间、操劳、智力，以及心理和体力在工作中的劳动量等问题都必须考虑在内并给定一个比较性的价格，如何妥善地决定工人和生产者的工资十分困难，而这种困难则凸显了上述荒谬性。

"他们不知道，但他们正在做"

尽管人们可能认识到资本主义交换体系的局限，以及计算产品、商品和物品交易的内在困难，但是这一认识在每一个生产商和消费者都必须服从的货币交易行动中不起任何作用。

问题在于，在他们的社会行动之中，在他们做的事情中，个体就如同货币实实在在就是财富本身的化身那样行动。

参与货币交换就是支持这个象征系统，而其副产品就是主体。因此在他对于意识形态的著名定义中，马克思宣称"他们不知道，但他们正在做"。

康德与不可知的

对有意识的自我和独立主体的批评可以追溯至普鲁士哲学家**伊曼努尔·康德**（Immanuel Kant，1724—1804），特别是在他有关知识问题的思考之中。康德走上这一方向的第一步是勇敢地宣称哲学与讨论上帝的存在无关。

康德似乎一举废除了传统上哲学对形而上学*，以及对一个更高的、超越的世界的思考，后者是自我存在的真实性的主要保证。

康德自己是一个坚定的基督徒，他承认一个超越的世界可能存在，但是就定义而言，它却是不可知的。他用"物自身"（noumenon）一词来指代这个超越的世界，它来源于拉丁文"numen"一词，意思是神性、神的意志或者神的显现。对于康德而言，物自身指的是上帝的观念、自由、不朽以及人的理性能力。

康德的哥白尼式革命

在《纯粹理性批判》(*Critique of Pure Reason*,1780)中,康德回避了那个困扰着他的前辈们的哲学问题,即"实在"和经验主义*现象是否确实存在,或者"实在"最终是不是心灵的投射。抛开实在"就在那里"并且是经验的特定基础这一假设,康德追问的是,知识是如何产生或者被构建的。

并且,学习或理解此前不知道或者不理解的内容是怎么一回事?

康德对于这些问题的回答促使他挑战每一个有关主体同一性的传统观念,其中首要的是在这种同一性之内存在本质或稳固要素。相反,康德将开放的、变化的原则视为同一性和知识的本质。

新的力量

康德宣称原初知识就是遭遇此前未知的东西这件事,因为对他而言知识根本上是开放的、发展的、进步的。(就这一方面而言,他相信人类的无限进步。)康德指出这一永远变化的知识的本质包含着"综合"的过程。

知识是因遭遇外在于我们的东西而产生的。

通过构想出综合这一知识发展中最根本的概念，康德迈出了哲学史上能够想象的最大胆的一步。他并没有将与新东西的遭遇（它构成了新的知识）仅仅视为对于此前已有知识的扩展。他同样也不认为这一遭遇——后天的（意味着在事件之后）——稍后可以被同化为已存在的知识。

相反，与新的东西的遭遇——如果真的是新的——能够完全改变此前存在的东西，包括任何意义上的存在的主体意识、同一性和信念。

他异性：他者

通过探索遭遇新的东西而颠覆已存在的同一性这类问题，康德提出了被称为**他异性**（alterity）的哲学问题。他异性一词来源于拉丁文"alter"一词，意思是他者。

在我的哲学中，他异性指的是当知识遭遇新的和不同的东西——不同于它自己的东西——时的具体的综合经验。

在理论性探索中，他者一词通常指的是受压迫的集体，例如黑人或亚洲人，或者在父权制背景之下的女人。然而，在哲学探索中，他者就定义而言指的是不可知的或不可表象的。

崇高（Sublime）

在第一部现代美学（对于感情和感觉的研究）著作，即《判断力批判》（*The Critique of Judgment*，1790）中，康德探索了在情感上经验他异性是什么感觉。就定义而言，因为并不存在任何此前存在的（先验）术语——知识可以借助这些术语来涵括新的和不同的东西，这样的经验就超出或逃离了知性理解。

> 这一经验是势不可当的，是"崇高"的。

崇高一词来源于拉丁文 sublimis，指的是超出量度和计算的东西。通过坚持这一观念，康德认为崇高的经验是一种情感上的影响，并且是不可表象的。

尽管康德宣称与不可知的综合的遭遇这一崇高经验无法被还原为一个表象，但他依旧举了几个例子来说明他的意思。其中包含了两种类型的对于崇高的经验：**数学的**崇高以及**力学的**崇高。

数学的崇高阻止了主体量度空间的能力，由此产生出一种眩晕感。康德以某人站在埃及金字塔旁为例来说明这一点：它的顶部和底部不能在一瞥中同时被看到。康德给的另外一个例子是"观众第一次进入罗马圣彼得大教堂时的困惑"。在这两个例子中，康德指出旁观者不得不经验一种深深的眩晕和迷失方向的不适感。

康德用一种浪漫主义＊的方式来描述力学的崇高，后者指的是暴露在自然的力量和宏大之下的恐惧：

想象一下巨大的、悬空的，以及恐怖的石头。雷雨云在天空中堆积着，并且伴随着闪电和雷声而移动……

火山以及它们那可怕的破坏力，飓风以及它们所造成的破坏，正在上下起伏的无边无际的海洋，广阔的河流上高挂的瀑布，凡此种种。

康德声称，在数学的崇高和力学的崇高的不愉快经验中幸存下来后，会产生一种愉快的感觉——特别是当我们对于这种幸存并不抱有必然的期望时。

尼采的裁决：上帝死了

回顾康德在哲学发展中的地位时，尼采将他比作一只狡猾的狐狸，他的狡猾使他能够逃脱传统思考的樊笼。

但根本上说，康德是一个狡猾的基督徒，他像是一只迷路了的狐狸，然后误打误撞走回了他的笼子。

尼采为何对于康德的成功仅仅做出了如此有限的评价？尼采自己是如何处理这个问题的？尼采给出了如下声名狼藉的宣言："上帝死了！"尼采在《人性的，太人性的》（Human, All Too Human, 1878）一书名为"囚徒"的故事中首次概述了这一观点。

在尼采的故事中，监狱的看守代表着基督教的上帝，宣称是这个看守的儿子的年轻人代表着耶稣，而那些囚徒则代表着人类。看守的儿子（耶稣）告诉那些囚徒，只要他们相信他是他自己宣称的那个人，他就可以拯救他们。当听到看守已死时，这个儿子坚持宣称：

我将让每一个相信我的人获得自由，如同我父亲还活着那样。

这些囚徒耸了耸肩，然后就走开了，让这个儿子自己待着。

形而上学（metaphysics）之死？

尼采有关上帝之死的寓言——以及他给自己起的名字：敌基督者——不仅仅为了庆祝世俗主义和基督教的终结，更是一种终结不论任何形式的形而上学的期望。什么是形而上学？

形而上学是一种信念或者假设的二元结构，它按照一种**层级**的方式来组织。

每一种宗教信仰都围绕着一个永恒而完满的存在的观念，而这一观念反映在诸如上帝、天堂、伊甸园以及被解救或净化的灵魂等概念中（在希腊语中 meta 的意思是在某某之上或超出）。

并且，在每一种宗教中，永恒完美的神圣状态与人类所栖居的尘世的物质世界之间都存在着一种断裂。宗教信徒被许诺了获得这种完美状态的可能性，但其结果却是尘世中的存在最终仅仅被视为真实的东西的可怜副本。

宗教体系是压迫性的，因为它并不就存在者所是、完全为了存在者自身以及按照存在者自身去评价存在者。

相反，宗教怀旧地看向过去，显然那时伊甸园还存在着，或者看向未来，那时伊甸园应该已经重新获得。通过他们的道德命令——不论是摩西"十诫"，还是基督教关于"爱邻人"的教诲——西方的宗教为了救赎和净化绑架了它们的信徒，从而使得他们排斥此世的生命。

形而上学与语言

但是,尼采认为形而上学并不仅仅是宗教的事情。恰恰相反,形而上学,作为某种形式的观念论*,充斥在西方语言和思考的结构之中。在《偶像的黄昏》(Twilight of the Idols,1888)一书中,尼采反思了这一观点:

恐怕我们还无法摆脱上帝,因为我们还坚信着语法!

尼采对于形而上学与语言之间的必要关联的信念预示了拉康的理论:通过象征系统而构建主体,以及参与象征系统导致的压抑非理性与无意识的**理想化**的理解事物的方式。

尼采接受科学对哲学的贡献：前者可能成为形而上学及其对真理的理想化信念的潜在解毒剂。尼采指出，科学揭示了信念与价值的主观性。这一观点可以通过实践性的科学实验这一例子得到说明。

把一个科学实验设想为对 X 的研究。通过为这个实验设定特定的方法和具体的步骤，就能够产生一组特定的结果。再把另一个实验设想为对同一个对象 X 的研究，但后者使用不同的方法和步骤来获取结果。

毋庸置疑，第二个实验将产生一组与第一个实验不同的结果。

换言之，实验所采用的方法决定了实验的结果。

视角的问题

尼采认为科学方法的这一特点支持他的如下观点：所有信念和思想的体系，不论是宗教的、政治的，还是道德的，最终都是相对的，没有任何客观基础。尼采将人类的这种处境称为"视角主义"。

关于任何主题都有**不同的**视点和视角，没有任何一个会比其他的更加正确或真实。

所有的观点和信念都是人类价值观念的产物，而后者则因人类的历史文化背景的不同而不同。

虚无主义的幽灵

然而，尼采发现价值的相对性这一观念并不意味着解放。事实上，人类因此似乎会被一种"虚无主义"或者悲观主义所困扰。这是因为在剥夺了信念和价值具有任何意义上的客观真理性之后，价值的相对性这一观念使得所有价值和信念最终都变得可疑了。

没有哪种信念和价值会比其他的更好，焦虑就此产生，由于真理和意义的缺席，人类被推入怀疑的旋涡以及一种无意义感之中。

但是在这种悲观主义感觉之下,是一种对于失去的真理和客观性的理想化向往。

尼采通过重申康德原创哲学的某些方面,特别是探索康德关于他异性的理解,来回应这种倒退性的思想。但是,尼采对于康德持有很强的保留意见,他认为康德没有沿着自己的思路走得足够远。尼采对康德的批评集中于几个观点。

荒诞的形而上学

首先,虽然康德宣称他的哲学中消除了有关宗教和精神信仰的内容,然而他依旧保留了一种超验的实在——物自身。康德宣称它存在于可知的现象世界另一侧的不可知世界。

这种形而上学的二分是不合逻辑的。

试图在可知与不可知之间画一条分明的线是荒谬的。

这样做的前提是能够知晓可知的东西及其界限:这是根本不可能完成的任务,特别是考虑到康德自己对于原初知识综合的本质(开放、变化)的承诺。

康德退缩了

尽管康德认识到与新的或者不同的东西遭遇后,能够颠覆每一种同一性或信念的现有意义,但他最终收回了这一宣言。与此相反,他最终回落到一个更加保守的观念之上,即与新的或不同的东西遭遇只会发展现有的(先验的)知识和观念的概念。

事实上,主体安全地待在一个可知的世界之内,在这个世界中知识的进步仅仅是扩展了这个世界而没有彻底地改变它。

通过暗示,主体被安全地与不可知的东西隔离开来,并且由此拒绝被后者改变。

在康德的崇高观念（一种强烈的情感经验，他将之与知识和理解的概念的变化联系起来）中仍然可以找到某种特定的形而上学残余。康德认为，崇高是完全迷失方向和压倒性的。然而，他对此做出了限定：最初的不愉快和痛苦经历过后，会获得新的乐趣。

通过崇高，主体得以进入物自身——并且得以确信上帝的存在、不朽、自由、人的心灵的无限以及理性无限扩展的本性。

走后门的形而上学

尼采认同康德"知识是综合的"这一观念:一种与不可知的开放的遭遇。但他拒绝康德的如下断言,即这一综合的过程能够赋予人类一种价值的道德感,仿佛存在者能够通过无限而不断进步。

在尼采看来,康德试图通过综合这一概念,使他自己和他的读者能够重新确信:主体能够同化其对综合和他者的经验。

殖民的"他者"

从历史的角度来看,康德关于他异性的观点——以及更广泛的、他自己的哲学观点——是在扩张主义盛行的欧洲与非洲、亚洲大陆的联系日渐增长这一背景之下发展而来的。

对于白种人而言,这样的联系伴随着一种对开放自己的边界,以及对资本主义统治和种族"纯净"概念可见的威胁的焦虑。

在这样的历史背景之下，康德的知识哲学以及与之相关的崇高经验，可以被视作承认了白种人和"其他人"之间的交流与交换不仅是不可避免的，而且是**必然**的。这就是"知识是综合而且开放的"这一康德理论背后的假设。

我关于崇高的理论不断地指出，这样的"开放"经验冒着被淹没的危险……

……因此确认了那种潜在的对于权力丧失和种族"污染"的焦虑。

然而，康德总结道，崇高最终会产生一种意想不到的喜悦，而这旨在缓解那些焦虑。最终，通过确认征服者的狂喜，而这种狂喜恰好是因为我们没有任何理由去期待它，康德哲学支持了西方扩张主义的世界观。

重新思考不可知

在尼采看来,康德的哲学是压迫性的,因为它不肯放弃在与他者综合过程中的主观控制。尼采对于这一问题的回应,以及他对克服形而上学这一问题的解决方案,是在康德的思考方式之外重新思考不可知和无的观念。

形而上学的问题在于它将无——那个处于康德的综合观念最核心处的不可知或不可被表象的东西——视为被可知世界中的存在者以**否定**的方式定义的空。

在数学符号中,康德的哲学体系将主体等同于一(1),与之对立的是等同于零(0)的不可知的空或无。

权力意志

尼采推论道，在不存在知识或表象的协调的综合过程中，这种无或空不仅仅是一种空洞的缺乏，因为它是变化以及对理解和知识重新定位的催化剂。

是的，综合不仅是不可表象、不可理解的，而且其中充满了创造性。这是终结和新的开始的王国。

尼采哲学的核心在于这个被修订过的作为无的综合概念，他称之为"权力意志"。

尼采是如何探索权力意志这一概念的？正如《论道德的谱系》(On The Genealogy of Morals，1887）一书中所描述的，尼采认为所有的道德体系，以及政治的、宗教的意识形态都奠基于一种对于**权力和控制**的渴望。在军队和帝国主义国家中，这一对于权力的欲望是清楚而明显的。

即使在这一问题并不很明显的宗教之中，权力最终依旧是关乎成败的。

尼采通过分析基督教从而论证道，基督教起源于一种在许多欧洲本土部落和民族中广泛传播的对于推翻罗马帝国的诉求。因为罗马帝国太过强大，这一诉求无法通过武装斗争实现。

爱邻人？

尼采认为基督教产生于对罗马帝国主义的回应中。基督教颠倒了犹太教关于复仇的教义，即"以眼还眼，以牙还牙"，并将"连另一边脸也转过来由他打"[1]作为"爱邻人"这一整体许诺的一部分而一并宣扬。

然而事实上，这一基督教教义的发展明显是一种用于击败罗马人的实践策略。

虽然基督徒被罗马人野蛮地压迫，但他们的"连另一边脸也转过来由他打"这一教义——宽恕——是不可征服的。在公元312年，康斯坦丁大帝皈依了基督教。

---

[1] 原文为"turning the other cheek"，为作者对于基督教教义的概括。在《马太福音》中可以找到原来的表述："只是我告诉你们、不要与恶人作对。有人打你的右脸，连左脸也转过来由他打。"（马太福音，5：39）。——译者注

与征服或者压迫他者的权力不同,尼采的权力观念——**权力意志**——是一种创造性的综合过程,一种对于不可知的开放。受到这一想法的鼓励,尼采设想了人类变得无我和易变这一可能性,从而永远致力于推翻和改变价值,以避免它们落回到固定的想法和观点上。

在 1888 年的笔记中,尼采匆匆记下了这个令人陶醉的过程:

那些似乎属于许多紧张的混乱的情况……极端的浪涌冲动,这是一种想要为极端转变为想要交流的极端冲动,这是一种想要为知道如何制作符号的万物代言的欲望……一种需要通过符号和手势来摆脱自己的需要,一种通过数百种语言媒介来提及自己的能力……一种爆炸性的情况。

超人的诞生

尼采对于人类从压迫中解放出来,以及向着变化开放的远见,暗示了西方的历史性时间和目的等概念的终结。尼采仿佛在期待着这一切,他创造了查拉图斯特拉,作为自己时代变化观念的人格化身。《查拉图斯特拉如是说:一本为了所有人和不为了任何人的书》(Thus Spoke Zarathustra: A Book For All and None,1883—1885)的主人公也因此得名。

查拉图斯特拉基于琐罗亚斯德这一形象,后者是生活于公元前 3000 年至公元前 400 年中某段时间的古伊朗先知。但是查拉图斯特拉创造了即便琐罗亚斯德在他自己的时代也无法创造的新概念。

我预言超人(der Übermensch)的诞生,一个拥有力比多能量并且渴望创造性自由的形象。

海德格尔：现代性的终结？

在尼采看来，超人（查拉图斯特拉）的先知或父亲变成了他自己的孩子，这种重生创造了人类得以克服虚无主义的基础。然而此后的哲学家对于即将到来的新的未来更加感兴趣。

例如，**马丁·海德格尔**（Martin Heidegger，1889—1976）意识到了尼采哲学的重要性，并且在20世纪30年代做了一系列关于尼采作品的讲座。

要理解海德格尔做出的对尼采的论断的背景,以及更加广泛的、20世纪二三十年代的德国哲学的背景,有必要回想一下1918年德国在"一战"中被击败之后弥漫在德国的深深的绝望情绪。德国这一方有两百万人死亡、四百万人受伤。不仅协约国与德国之间订立的《凡尔赛条约》(Treaty of Versailles,1919)使人厌恶,而且人们普遍认为技术在很大的范围内都失败了。

受制于资本主义生产关系的19世纪技术解放潜力的梦想,在第一次世界大战中令人不安地苏醒了。

技术的威胁

于 20 世纪二三十年代在德国写作的哲学家,例如海德格尔和法兰克福学派(马克斯·霍克海默、西奥多·阿多诺和瓦尔特·本雅明等),对现代工业化技术所带来的影响和未来不抱任何幻想。

瓦尔特·本雅明

> 这种技术要尽可能少地和人类扯上关系。

在对最先进的美国式电子战争(无人机和巡航导弹)的可怕预测中,瓦尔特·本雅明设想出了"不需要人类驾驶员的遥控飞行器"。

现代德国哲学家,特别是海德格尔和法兰克福学派的核心问题是如何思考现代性*的终结,以及随之而来的,如何将形而上学视为一种历史现象或**认识型**(Episteme)。认识型一词指的是属于一段特定历史时间的观念、价值和假设。

三个相承的认识型在西方历史中流行过。第一,前苏格拉底的古希腊思想;第二,基督教思想;第三,现代工业观念,以及一种通过计算将万物视为达到某一目的的手段的思想。

黑格尔：历史的完美终结

海德格尔对于西方思想和发展的历史主义叙述在某种程度上受到了**格奥尔格·威廉·弗里德里希·黑格尔**（Georg Wilhelm Friedrich Hegel，1770—1831）的影响。黑格尔发展出了一套对于人类逐渐觉醒的意识以及精神（Geist）实现或精神成就的历史的**目的论式**（向着一个完美的终结而发展）叙述。黑格尔的理论尝试取代基督教的神学理论，同时调解超越的神性与物质世界之间的内在矛盾。

为了回应这一难题，我提出上帝和人是互相依赖的，因为他们努力获取对于他们共享的神性的意识。

主人与奴隶

在《精神现象学*》(*Phenomenology of Spirit*, 1807) 一书中, 黑格尔论证说上帝与人之间觉醒的对于彼此的意识, 与每一个个体对于他者逐步觉醒的认同是并驾齐驱的。黑格尔认为, 最初权力是在主人与服从命令的奴隶之间分配的。

一段时间之后, 奴隶学会了超出我们的知识和组织能力的技能, 在这个发展阶段, 奴隶就能够从我们手中接管权力。

黑格尔认为, 人类发展的最后阶段中奴隶放弃了这一获取权力的机会, 转而尊重彼此的独立个性。

存在与时间

海德格尔拒绝黑格尔的基督教修正主义和历史进步的观念,他用一种不同的历史变化的理论来替换它们。海德格尔的《存在与时间》(Being and Time,1927)一书是哲学思考的一个标志。

我提出的这个关于现代性危机的问题,只有通过对当今人类存在的全方位反思才能解决。

自然而然,海德格尔的名声被他在 1933 年至 1934 年担任弗莱堡大学校长期间与纳粹主义的牵连所玷污。"二战"之后,因为被认为支持纳粹主义,海德格尔被禁止教书,但在 1950 年他又重新开始教书。

现代性的问题

海德格尔认为,纳粹主义的兴起这一事件使他在《存在与时间》中指出的现代性的核心问题受到关注:这一问题是普遍盛行的对于技术进程的理性主义理解,由此导致仅仅通过目的和功能来理解世上的对象和物体。

海德格尔并不反对现代性本身,但很担心它的历史延续性以及它阻止变化的方式。

此在(Dasein)

　　海德格尔哲学所关注的是一种前主体的空间,它在所有意义和价值之先,但却是包括语言和理解在内的所有表象的前提。海德格尔将这一空间称为此在(字面含义为在那里),其同一性总在自身之外,因为它本质上是接受性的,并且受它自己的历史性未来影响。

　　正如海德格尔作品中所有互相关联的术语一样,比如存在、本质、存在者和真理,此在既是名词也是动词。

此在是作为语言和思想的前提的一种存在的**状态**,这在任何一种认识型中都会发生,也是发生于历史和时间之中的变化**过程**。

对于技术的理性化理解基于一种渴望确定性的哲学。与之相对，海德格尔的哲学接受不确定性，因为某种认识型的产生过程以及究竟什么东西由此在产生是无法事先确定的。

然而海德格尔认为此在总是被一种可能性的有限场域所限定：每一个历史时代或认识型从一开始就包含着它们自身的终结。如果它们延续太久就会潜在地成为一种固定性或压抑性的形式。

这正是在现代性对于理性主义的痴迷中所发生的事情。

知识的界限

对于任何认识型而言,总有一个真理由之涌现的敞开性或"澄明",海德格尔使用意思是揭示和去蔽的古希腊词 alētheia 来表达这一含义。但是在这个古希腊词内,还有 lēthe,它指的是在某个特定的历史时代中不可说或不可想的东西。因此海德格尔说:

对于海德格尔,在任何认识型之内都有很多不可说的东西这一事实,表明所有认识型都有一个界限。

艺术作为终结的标志

在海德格尔名为《论艺术作品的起源》("The Origin of the Work of Art"，1935）一文中，他指出艺术对于一个社会而言，可以起到标志它自己历史时代终结的作用。他宣称，这曾是神庙对于古希腊人所具有的意义。

希腊神庙包围着神像。通过神庙这一方式，神呈现在神庙之中。

神庙首先给予各种东西它们的样子以及给予人自己对于自己的展望。只要神没有从神庙中逃走，这一视角就保持着开放。

海德格尔认为，神庙是一种提醒，甚至是一种命令，使得希腊共同体通过终结自己的历史时代带来变化。

海德格尔指出神庙的生存条件是诸神寓居于其中,而诸神从大地离开则被希腊人自己视为是注定的,从而强调神庙[预示着古希腊这一历史时代的终结]这一角色。

它们的离去为新的起源和开端让开了道路。而这正是海德格尔希望对他自己的时代重申的标志。但是在"二战"之后海德格尔的晚期作品中,他对于出现取代现代社会的新的历史时代的可能性逐渐变得悲观起来。

对于一种主义的困惑

20世纪20年代在德国,激进的左翼分子由于1917年俄国的布尔什维克革命而一直心怀希望:新社会和新文化可能像凤凰浴火重生一般从老旧且被打败的德意志帝国中出现。在整个20世纪20年代,对于共产主义的支持是相当可观的——在德国投票人数中占10%到15%——但它从来没有成为显著的多数。

法兰克福学派

1923年,作为法兰克福大学的下属私人组织,社会研究所在一位名叫**弗里茨·威尔**(Fritz Weil, 1898—1975)的犹太百万富翁的赞助下成立了。该研究所成了左翼知识分子的大本营:在**马克斯·霍克海默**(Max Horkheimer, 1895—1973)的领导下,西奥多·阿多诺、赫伯特·马尔库塞(Herbert Marcuse)、埃里希·弗罗姆(Erich Fromm)和瓦尔特·本雅明共同探究了革命进程在德国未能实现的原因。

这一探讨促使我们分析不仅与无产阶级,而且与资产阶级相关的**意识**问题。

作为一个独立的机构，所谓的"法兰克福学派"能够挑战具身于形而上学观念、普遍规律和法则以及永恒真理的传统学院派哲学。

此外，法兰克福学派批判传统的科学研究范式，因为后者忽略了对科学发展和技术进步影响社会的方式的社会性理解。该学派认为，科学主要用于剥削自然以及支持资本主义制度。

作为欲望的消费

作为马克思主义者,法兰克福学派的哲学家认为由于资产阶级对经济的束缚,自由是无法获得的。此外,他们认为无产阶级和资产阶级的意识结构都是错误的。就其自身利益而言,他们都被欺骗了。

这促使我们不仅关注社会中的经济生产领域,而且也关注作为一种**欲望**的资本主义消费模式。

这一新近形成的关注转变了传统马克思主义原理中对于经济的关注,而它是作为对以下两种情况的回应产生的:资本主义自身的变化和始于19世纪后期的消费者社会在欧美国家的扩张。

反艺术

西奥多·阿多诺（Theodor Adorno，1903—1969）坚决批评大多数消费文化，他宣称大众文化制造了梦想——但"这些梦想无力梦想"。与这类文化形成鲜明对比，阿多诺发展出了批判性艺术这一概念，这一概念是彻底否定性的，只有在与艺术作品所呈现出的其他所有东西的对比中才能表现幸福。

艺术作品的意义在于使我不幸福。

对于阿多诺而言，艺术中幸福的观念应与现实相适应。进一步，他认为，艺术作品应该是**反对**的，它旨在将个人的注意力集中于世界上那些真正的不平等和恐怖之上。

阿多诺援引阿尔班·贝尔格的悲剧作品《沃采克》(Woyzeck, 1925)和《璐璐》(Lulu, 1937)作为批判艺术的例子。璐璐和沃采克的世界都变得可怕，充满了个人的痛苦和煎熬。 美丽的璐璐是他人欲望的受害者，而士兵沃采克则被他的长官压迫，并被他的妻子背叛。

> 在资本主义的剥削关系被推翻之后，世界可能的样子在《璐璐》和《沃采克》之中以一种否定的方式呈现。就是说与璐璐以及沃采克所经历的世界恰好相反。

同样地，阿多诺认为萨缪尔·贝克特《等待戈多》(Waiting for Godot, 1953)等戏剧中存在的凄凉与虚无感以否定的方式指出事情本来可能是不同的，在资本主义的剥削之外尚有其他可能的世界。

瓦尔特·本雅明和"发达资本主义"

瓦尔特·本雅明(Walter Benjamin,1892—1940)密切关注拿破仑三世(1852—1870)的反动统治下巴黎所谓"发达资本主义"时代的开端。在此期间,工业和制造业生产加速发展,从而导致手工劳作被工厂生产所取代。

在20世纪30年代,本雅明编制了一份名为"拱廊计划"的大型档案,它记录了在拿破仑三世统治期间发展起来的新发明(摄影、钢铁、玻璃拱廊和煤气灯)和消费形式,以及与现代性相关的主体经验——关于异化、无聊和商品拜物教。

暴力与法律

在他的文章《暴力批判》(1920—1921)中,本雅明将压迫的起源追溯至法律,并论证暴力与法律制度是不可分离的。在本雅明看来,对法律的挑战或破坏总是有可能转回原处,从而使得自身成为立法性的暴力。

这是一个注定要无限重复的循环,就像传说中对普罗米修斯和坦塔罗斯的惩罚那样。

在这一问题的启发之下,本雅明追问是否存在一种特殊的暴力**革命**形式,它不会重启法律的暴力?

反抗资本主义逻辑

为了回答这个问题,本雅明转而讨论无产阶级罢工。他反驳那些旨在通过勒索寻求雇主让步的人,因为他们受到加薪的功利主义逻辑的支配。与此逻辑相反,本雅明支持无产阶级普遍罢工这一信念:除了社会关系和工作本身的完全转变之外,它别无所求。

这种类型的罢工是一种"纯粹手段",因此它不是暴力的,因为它的目的在资本主义的逻辑之下是极端无意义的、非理性的和奢侈的。

罢工的唯一目的是不参与目的和手段这一逻辑,并拒绝犯法就要受罚这一虚构的命令。

本雅明并没有拒绝现代工业形式和技术，相反，他想将它们的影响加之于新的革命目的之上。为此他研究了技术与身体性经验之间的关系。

> 工业化和城市生活使人们的感觉麻木，由此抵御它们带来的冲击所造成的震惊。

> 因此，我寻找包含着震惊的感觉的经验，它强化而非麻醉这些感官。

吸引着本雅明的这类审美经验是由电影带来的，特别是俄罗斯导演谢尔盖·爱森斯坦（Sergei Eisenstein）和吉加·维尔托夫（Dziga Vertov）的蒙太奇电影，诸如《战舰波将金号》（*Battleship Potemkin*，1925）和《持摄影机的人》（*Man With a Movie Camera*，1929）等。

蒙太奇的力量

本雅明认为蒙太奇——对于一系列图像的快速编辑和复制——创造了一个"新的意识王国,并且通过它的震撼效果,人类能够向自己表象他们在被技术所异化的世界之中的经验"。

可见的异化

电影演员查理·卓别林被本雅明称赞为卓越的表演者。

> 他的每一个动作都由一系列切断的动作组成。

> 不论你留意他走路,还是他握着小手杖,抑或他打招呼的方式——它们总是同一系列生涩的小动作,这是将电影序列的法则运用到人类肌肉运动之上。

通过在人体上模仿技术的碎片化效应,本雅明认为卓别林使得一种异化的感觉变得可见,从而让观众认识到历史破碎与压迫的特征。

如果说现代性通过工业和军事技术创造了一个噩梦般的世界，那么本雅明认为好莱坞里有一个相应的梦幻世界。在关于米老鼠的动画片中，本雅明找到了一种暴力的解毒剂，来应对现代性压迫性的张力以及侵犯与创伤的异常状态。

本雅明认为，电影观众通过观看米老鼠和他的朋友制造的施虐和受虐幻想而引发的集体笑声，可以"阻止他们在人群中自然而危险的成熟"。

就此而言，集体笑声是大众精神失常的预先爆发，是对于无意识的治疗性引爆。

进步的风暴

本雅明声称通过现代科技的改变，人类进步的叙事将引发最终的灾难而不是乌托邦式的结局。艺术家**保罗·克利**（Paul Klee，1879—1940）也持有同样的观点。针对克利的画作《新天使》（*Angelus Novus*），本雅明如是评论：

"克利的《新天使》画的是一个天使，他看起来好像要离开他入神注视的事物。他凝视前方，张着嘴巴，展开了翅膀。这就是人们对历史天使的描绘。他的脸转向过去。我们所看到的一系列事件，在他看来只是一场灾难，后者将残骸堆积在残骸之上，并将这些残骸扔到他的脚下。天使想留下来，唤醒死者，并修复被砸碎的东西。但是一场风暴正从天堂吹来；它的翅膀笼罩在这种强力之中无法合上。这风暴以不可抗拒的力量推动他走向他所背对着的未来，而他面前的一片废墟则向着天际继续堆积。这场风暴就是我们所说的进步。"[1]

---

[1] 作者引自《历史哲学论纲》第9节，译者根据作者的引用译出，同时参考张旭东的译文。瓦尔特·本雅明《历史哲学论纲》，张旭东译，《文艺理论研究》，1997年04期。——译者注

尼采的深远影响

同时在法国,尼采于 19 世纪 80 年代在《权力意志》中提出的关于力比多 – 狄奥尼索斯 * 能量的洞见,对 20 世纪二三十年代的一个组织松散的思想家和社会科学家团体产生了深远影响。他们包括乔治·巴塔耶、罗杰·凯罗斯、彼埃尔·克洛索夫斯基以及米歇尔·勒希斯。所有这些人此后都参与创建了短暂的社会学学院(Collège de Sociologie, 1937—1939)。

[他们讨论的] 主题包括了人类学、艺术、萨德侯爵、马克思主义、低俗小说、精神疾病、宗教和性。我们的基本方法是反功利主义以及在身体和情感方面追求过度。

开支的哲学

西方社会被一种**乔治·巴塔耶**(Georges Bataille,1897—1962)称为"收支平衡"的压迫性意识形态所主宰。这一思想主要是说任何类型的支出或者用度,不论是关于钱、情感,还是力比多能量,都会被同种类型的补偿性收入所抵消。

> 这一思想不仅影响了资本主义经济思想,而且也影响了马克思主义以及诸如"健康生活"和"节约"等流行概念。

巴塔耶指出在某些特定的前现代和非西方文化中,这种收支平衡的看法并不存在。

例如，巴塔耶宣称，墨西哥的阿兹特克人比生产和积累更加珍视支出和损耗。

奢华、默哀、战争、礼拜、奢华纪念碑的消费、游戏、奇观、艺术、偏离了生育目的的不正当性行为，它们在自身之外别无目的。

巴塔耶认为这种不需要补偿收入的开支的哲学，是理解阿兹特克人太阳崇拜和人类献祭实践的关键。

巴塔耶认为,阿兹特克人将太阳视为无穷的消耗和不受束缚的浪费的源头。因此,献祭和战争是一种将能量归还太阳轨道的方式,并由此连接至损耗这一普遍原则。

充盈的过度

基于他对阿兹特克人祭祀和信仰的研究,巴塔耶将无意识的欲望与对于极端的追求等同起来——都是推翻主体控制的方式。

我们必须在死亡的感觉中寻找我们存在的意义,在那些我们不可忍受的时刻,我们正在死亡,因为我们只有通过过度才能存在,在这里恐惧与喜悦的过剩重合。

凡·高所说的"练习盯着窗外太阳那耀眼的区域"是这种过剩感觉的典范。凡·高的"非理性"行为是被一种希望与主宰着自然的太阳经济相联系的任性的意愿所激励的。

心理分析中的虚构与现实

虽然巴塔耶的观点非常嗜血与极端,是一种对于启蒙主义的理想化理性主义与自我控制的入侵,但是它们代表了他推翻任何对欲望进行限制的考虑,这些欲望正被资产阶段的局限和认识所约束。

巴塔耶关于恐惧与喜悦、视觉与盲目之间的崇高联系的观点,影响了我对于心理分析治疗之中应该包含什么的理解……

……正如主体认识到他/她在表象和语言之内的状态("象征系统")。

拉康认为,如果没有用以组织"实在"的象征系统的人工体系,个体将不复存在。正如**斯拉沃伊·齐泽克**(Slavoj Žižek,1949年生)所说的:"虚构构建了我们的实在。如果你从实在中拿走了管理它的象征虚构,你将失去实在自身。"

然而，精神分析对主体从实在中认识到他们自己的虚构状态这一可能性保持开放。这是心理分析治疗的终极目的。

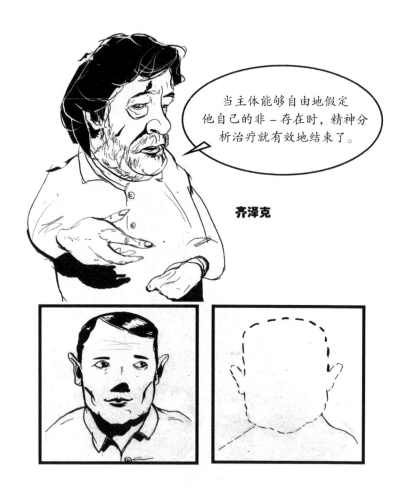

当主体能够自由地假定他自己的非-存在时，精神分析治疗就有效地结束了。

齐泽克

这样，精神分析就站在主观主义者唯我论（自我-存在是实在中唯一可以被证明的部分）的严格对立面。后者是 17 世纪时笛卡尔在他著名的格言"我思故我在"（Cogito ergo sum）中所提出的。

"我自己不存在……"

在面对实在及其存在是否能被证明这一基本问题时，笛卡尔的格言试图保存思想——能够思考存在与实在这一问题的怀疑思想——的存在。

与我只能绝对确定我思想中的观念，而外在于我的实在的存在只能是不确定的推论这一想法相反，心理分析宣称外在于我的实在毫无疑问是存在的。**然而，问题是我自己不存在……**

为了说明在对我们自己的虚构状态的认识中包含着什么——这一认识是震撼的但也是解放性的——拉康在《精神分析的四个基本概念》(*The Four Fundamental Concepts of Psychoanalysis*, 1964)中讨论了霍尔拜因的《大使》(*The Ambassadors*, 1533)。在《大使》的前景中出现了一个被奇怪地扭曲的物体,或"色斑"。

从这幅画的右上方看,这个物体变成了一个骷髅。这种被拉伸的幻觉装置称为变形术。

当骷髅的幻象被从画作右侧观看时,大使们以及他们的财产的图像变得扭曲,不可理解。通过这种扭曲的变形装置,主体——观察者——看到表面上的整体,即大使们的完整世界事实上是一个被精心设计的虚构。三维地观看这一骷髅也就是意识到人们的生存(大使们的)世界事实上与被技巧性构建起的虚构密切相关。

最初,《大使》可能被用于教授基督教的教诲:物质财富都是无意义的。

> 然而,这幅画证明了在一个虚构世界中认识到自己的位置,也就同时看到了他自己此前对此事的无知。

当主体认识到自己的无知时,他/她经历了一种匮乏状态,拉康认为这种状态是变化的催化剂。

萨特：存在主义与本真状态

海德格尔在《存在与时间》中所表达的如下思想引发了法国哲学家、小说家**让－保罗·萨特**（Jean-Paul Sartre，1905—1980）的深刻共鸣：人之为人的本质在于存在这一问题，以及在于在彼此相对的存在的本真形式和非本真形式之间做出选择。看似两位哲学家都希望讨论莎士比亚笔下哈姆雷特的著名两难处境："存在还是不存在？"海德格尔和萨特都将哈姆雷特的两难处境翻译为如下问题：

作为自己而本真地存在，还是丧失自己，因而非本真地存在？

然而，海德格尔认为，存在是我们作为有限的存在者的历史性变化，以及向着这一目的而做出的本真选择，而萨特则认为存在的问题应该关乎伦理与政治。

恶心：语言背后的混沌

为了回应虚无主义的尼采哲学以及俄罗斯作家陀思妥耶夫斯基的作品，萨特的小说《恶心》（Nausea，1938）探索了这一悲观的思想：因为上帝不存在以及世上并没有主宰存在者的普遍法则，生命没有意义。

《恶心》是关于一位作家的小说，他失去了对于语言的掌控，而他最为依赖的正是语言。

《恶心》是一部日记体小说，它讲述了一位30岁的历史学家——安托万·罗冈丹的故事，他在研究一位18世纪的侯爵的自传。

罗冈丹的问题在于他越了解这位侯爵,就越无法把握他的性格和动机,从而也越无法理解他的生活。这使罗冈丹感觉自己失去了对于实在的把握。就好比罗冈丹在乘坐电车时,被束缚在了电车的座位之上。

罗冈丹认为在语言所构建的世界之外不存在"真正"的意义世界,他惊恐地发现,如果没有语言,一切都只是混沌。出生于阿尔及利亚的存在主义者,**阿尔贝·加缪**(Albert Camus,1913—1960),赞同这种混沌的世界图景。

生活与存在是荒谬的。

然而,即便萨特在《恶心》中叙述了存在的荒谬,并且认为我们在持续不断地对自己讲述着关于自己的虚假故事,萨特仍旧通过强调**自由选择**这一问题而发展出了一套不同于加缪的哲学。

自由选择

萨特有一个不同寻常的陈述,即"法国人从未像他们在被纳粹统治时那样自由",这暗示了他对自由选择的理解。在这个挑衅的断言背后隐含着一个严肃的意义:在纳粹统治时期,法国人明确地意识到了自由这一问题,并且战争使得生活常态中的两难处境与道德抉择变得更加尖锐。

对于萨特,自由并不仅仅是意志的自由或行动的自由,这两种自由正是囚徒被剥夺的。

我所说的是意识的自由,在我们自己所处的任何情境之下做出选择的自由。

萨特给出的有关意志自由的道德困境的一个例子是：在纳粹统治期间的年轻人必须在这二者之间进行选择——是为他的国家而战斗，还是待在家里安慰他生病的母亲。萨特认为这最终是需要年轻人自己做出的选择；但是不论他如何选择，他都需要承担相应的责任。由此，萨特在《存在与虚无》（*Being and Nothingness*，1943）中总结道：

萨特认为，做出自由的判断或选择，不仅牵扯到会违反既定的社会价值与惯常的思考方式，还需要面对没有现成答案的两难处境与矛盾。

以承诺对抗恐惧

萨特承认在不诉诸既定的观念或价值的情况下做出自己的选择的自由可以是非常可怕的(这就是为什么他说我们注定是自由的)。为了回应焦虑和恐惧,萨特宣称**承诺**是一种度过自己一生的本真方式。出于这种考虑,萨特和他的伴侣**西蒙娜·德·波伏娃**(Simone de Beauvoir, 1908—1986)在1945年创建了文学杂志《摩登时代》(*Les Temps Modernes*,以卓别林1936年同名电影命名)。

我们发表文学和诗歌,但也号召学者参与挑战现状的政治讨论——特别是资本主义、家庭以及资产阶级——并且支持无产阶级。

在《摩登时代》中，萨特积极支持苏联，并将其视为法国战后初期使人绝望的经济和政治处境的进步方向，因此萨特热烈欢迎它。

萨特很清楚苏联在斯大林统治之下的种种不正义和政治审判，以及这一决定论观念：对于经济的控制是通向社会、文化解放的主要路径。

萨特将他对于苏联共产主义的偏向展示为一种倔强的现实主义者的自由判断，他承担了做出艰难抉择的责任。

存在主义与马克思主义

在萨特最后一部哲学著作《辩证理性批判》(Critique of Dialectical Reason, 1960)中，他论证道：存在主义*可以为马克思主义及其有关经济的决定论观念注入一种对于**行动**(action)的新的强调，即迫使我们自己处于我们发现自己所在的处境之中。

在此萨特回到了他在1946年所做的名为"存在主义是一种人道主义"的重要讲座中，在这个讲座中他强调意义的世界是被我们自己创造的，人类的自由包含了穿过历史处境而工作。

通过这种方式，我们变成了一个集体，因为存在主义就像马克思主义一样，它的最终关怀不是个体的自由，而是一种集体互惠意义上的自由。

1968：分水岭

1968 年发生在巴黎的工会运动和学生游行标志着欧陆哲学发展的分水岭，它在法语中被称为"事件"（Les Événements; the Events），而这与新一代哲学家的兴起刚好重合。有时他们被称为后结构主义*者或者后现代主义*思想家，这些哲学家包括：

阿兰·巴迪欧
吉尔·德勒兹
雅克·德里达
米歇尔·福柯
雅克·朗西埃
露西·伊莉格瑞
朱莉娅·克里斯蒂娃
让-弗朗索瓦·利奥塔
让-吕克·南希

在法国，他们的导师是那些杰出的人物：乔治·巴塔耶、让-保罗·萨特、亚历山大·柯耶夫、雅克·拉康、罗兰·巴特、保罗·利科、莫里斯·布朗肖，以及克洛德·列维-斯特劳斯。

新生代的哲学家在 20 世纪 70 年代登上舞台并持续塑造欧陆哲学直至今日。

拒绝固定的意义

就政治而言,这些哲学家中的大多数都和极端左翼的不同阵营结成了同盟,因此他们都对 1968 年发生在法国的暴动持同情态度。

阿兰·巴迪欧
吉尔·德勒兹
雅克·德里达
米歇尔·福柯
雅克·朗西埃
露西·伊莉格瑞
朱莉娅·克里斯蒂娃
让—弗朗索瓦·利奥塔
让—吕克·南希

然而,这时期的哲学家同时受到哲学事宜和政治事件的指导。

虽然有关民主、共产主义、政府、权力、生产、主体以及事件性变化的问题是他们作品的核心,但它们都被无一例外地以一种具有挑战性的方式处理,这种方式拒绝固定的意义、不变的假设以及明确的同一体。

心理分析家雅克·拉康在 1968 年所占据的位置，揭示了某些激进的知识分子如何事实上对学生的要求是持批判态度的。

拉康认为学生们对于变化的渴望是奠基于如下天真的观点：自由是如一个人乐意的那样去做事，由此将乐事提升至权威命令的程度。斯拉沃伊·齐泽克以同样的批评方式论证道：1968 一代的快乐主义倾向为 20 世纪后期西方的消费主义文化铺平了道路。

意识形态的瓦解

在 1968 年登上历史舞台的哲学家的作品及其余波,与支撑着西方世界和共产主义集团的主要意识形态和信条在 20 世纪后期的低潮是重合的。在西方产生了对如下观点的祛魅:"资本主义能够创造出有利于所有人的财富。"

让-弗朗索瓦·利奥塔:同一时期见证了资本主义将自己的生产样态由工业时代转变为一种虚拟信息的后工业的、全球化的时代。

伴随着 1976 年商品经济在中国的恢复,始于 1871 年的短暂的巴黎公社以及 1917 年的俄国革命的社会主义革命和社会的第一波浪潮告一段落。

如今,斯拉沃伊·齐泽克可以宣称:"比起设想资本主义的更加适度的、激进的变革,设想地球上所有生命的终结,比如由于气候变化、核战争,或者意外的小行星撞击是更容易的",像齐泽克和阿兰·巴迪欧(Alain Badiou,1937年生)这样的哲学家依然主张共产主义是一个可行的政治机会。

两位哲学家都同意,苏联和中国的政党–国家都进行了不同形式的转化。

事件性的发生

巴迪欧认为解放的政治只有"通过纯粹机遇的意外事件"才能发生,而这种事件超出了任何具体措辞之内的理解。这样的事件并不是超越的或者形而上的,而是与对于群众运动的一般描述息息相关。在群众运动之中,群众自身被呈现为群众,但没有任何具体成员可以展示其具体性。巴迪欧将事件性的发生归于不同的群众运动:法国大革命、五月风暴以及工人运动。

共产主义

工人运动

五月风暴

法国大革命

> 这些事件——在既有思想和理解看来是彼此分裂的——可能是彼此不同的,但仍可归于同一个名字——"共产主义"——之下。

不论它们现实的形式是什么样子的,这些事件为未来的解放工作留下了遗产或"痕迹"。

共产主义的痕迹

"共产主义"这一名称的重复引发了对被资本主义排除在外的一种社会组织形式的承诺。

就此而言,共产主义这一名称作为一种对 19 世纪 70 年代的巴黎、20 世纪 20 年代的苏联以及 20 世纪 50—70 年代的中国的指涉,就其自身而言可以被转化为多种处境与功能。然而,每一个时代所面对的问题都独属于它们自身。

对于原始共产主义,问题在于制订初步的计划;对于布尔什维克以及毛泽东的时代,问题在于发展一种能够在敌对势力面前保持共产主义计划的组织;如今问题依然是组织,但要在拒斥政党形式的前提之下。

我们的任务是用另一种样态来实现共产主义假设,从而帮助它在新的政治经验中以新的方式出现。这就是为何我们的任务是如此复杂,如此具有实验性。

"其中可能包含什么?实验性地说,我们或许可以考虑寻找一个能够置身于统治秩序的时间性以及资本主义的'为财富服务'之外的立足点。"(巴迪欧,《1968年的幽灵》)

利奥塔：知识的问题

对于**让-弗朗索瓦·利奥塔**（Jean-François Lyotard，1924—1998）而言，20世纪后半叶的政治意识形态以及生产模式等方面发生的变化加剧了社会和政治方面的异化。同时，这些变化导致了对于作为一个没有矛盾的乌托邦事业的社会进步这一概念的怀疑。

如今政治与社会力量所围绕的主要竞技场是**知识**的问题以及如何解决这一问题。

传统上，知识就是力量；但是对于利奥塔而言，如今的政治不仅仅是打开通往知识的入口、扩大社会参与和意识等民主事宜。

与康德相同，利奥塔对于如下观念非常谨慎：知识是知道做什么、想什么或是给出对于力量关系的真的表象。

如果知识，作为一种意识的形式，曾是可能的，那也肯定不是在我们这个日益数字化的复杂的世界之中。

利奥塔认为更新康德的批判哲学是必要的，这样能够针对知识这一问题来描述我们现今所生活的后现代处境。

信息过量

利奥塔同意康德在《纯粹理性批判》中的如下论断：知识是对于未知的综合而不是对于已知的扩展。如今，这是与我们用来理解并且绘制信息世界整体性的认知能力的极限相矛盾的。

> 面对如此让人迷惑的不可还原性，人脑经历了一种让人眩晕的理解失败。

这种经验可以与康德所描述的对于崇高的痛苦经验相比，后者源于一种被淹没的感觉。

人脑的极限

然而,康德描述了一种伴随着崇高的喜悦的感觉,后者是一种自由的经验。利奥塔同意这一观点:自由是痛苦而欢欣的经验,它承认人脑的极限并接受知识不是一种控制的问题这一观点。

现代和后现代艺术以及文学的某些方面反映了这一观点,即知识是不可简化的并且缺乏规则。

对于利奥塔而言,后现代艺术事实上只是对于现代艺术的回归,因为两者都是被同一个开放性的问题"什么是艺术"而驱动。在利奥塔看来,这种问题和思考被散文家蒙田、小说家普鲁斯特和乔伊斯,以及艺术家马列维奇、杜尚和巴奈特·纽曼所例示。

朗西埃与未被听见的声音

在哲学家**雅克·朗西埃**（Jacques Rancière，1940年生）看来，1968年的事件引发了哲学上和政治上对于民主的意义的讨论。

传统上，民主并不会如其往往被期望的那样在平等的社会中创造自由。

相反，它是一个制造政治分裂的体系，包含了那些在政治共同体中占据地位的人以及那些不占据地位的人。

依据定义，那些被边缘化的人在这一体系中不会发出声音。被排除的可能是获得投票权之前的女性，或者是1968年那些要求恢复"自由、平等与博爱"的学生。朗西埃玩文字游戏，将这样的被排除的群体称为"无分之分"。

因此朗西埃认为政治关乎可见性和话语权的获得。因此，听到被排除者那无法被听见的声音最终对定义着共同体界限的边界构成了挑战。用朗西埃的话来说，"政治"是一个革命的过程。

被排除者并不是简单地包含在这个共同体之内。相反，他们被吸纳之后就会破坏稳定的共同体这一概念。

因此，1968年学生运动针对共同体的口号之一是："我们都是犹太人。"对于朗西埃而言，这些"内在"于共同体的人需要通过边缘化群体的情况而定义。

德里达：在场的形而上学

克服围绕共同体这一概念的稳定而坚固的观念——这也是一种处理共同体观念的方法——是**雅克·德里达**（Jacques Derrida, 1930—2004）哲学计划的核心。两个因素影响了德里达对于这些事情的讨论：第一，形而上学持续存在的问题及遗产；第二，作为思考得以产生的中介的语言和书写的问题。

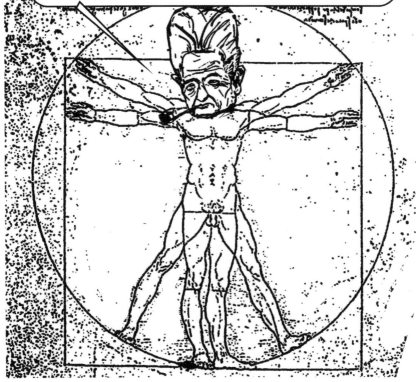

像尼采一样，我将形而上学等同于一种困扰着西方社会和文化的压迫性思考体系，因为它酿成了关于奥义和主体控制的看似完美的想法。

德里达将这一体系称为"在场的形而上学"，后者意味着控制的幻象之下是对意识、同一与存在——**在场**——的渴望。

索绪尔的无限制的含义

帮助德里达与在场的形而上学战斗的第二个因素是瑞士语言学家**费尔迪南·德·索绪尔**（Ferdinand de Saussure，1857—1913）的理论。索绪尔强调含义与意义的多重性，乃至它们无限的本质。索绪尔意识到文字没有内在的含义。没有内在的原因可以解释母鸡为何要被称为"母鸡"，或者事实上，任何东西被一个特定的名字和文字来指称 [也都是无法解释的]。

结果是含义被无限延缓，因此也就永远无法被获得。

含义始终沿着表意链而动。一个类比：某人在字典中查找一个单词，发现它的定义只能通过在字典中查找这一定义的含义才能获得，而这一过程看起来可以被无限次重复！

解构

德里达反对作者原创性和作者意识等观念,这些只能支持在场的幻觉。他采用一种互文的方法解读哲学:重新阅读柏拉图、笛卡尔、黑格尔、康德、弗洛伊德、马克思、索绪尔、本雅明、列维-斯特劳斯以及海德格尔等人的经典文本。

我把这种重新阅读当作"解构"的形式,从而能够显示出理解写作的多重方法。

虽然"解构"一词显示了观念的拆分、解构和重构,但是其自身也包含了一种构建的观念。

变戏法的德里达

德里达自己的写作策略是利用文字游戏、双关以及词源歧义,以此来强调索绪尔的理论,即表意者自身并不拥有内在的含义。提及德里达的写作风格,他的一位崇拜者如是说:

"德里达,一位熟练的变戏法者,总是把许多命题一下子抛到空中,因此读者很难相信它们能够被重新接回手中。除非变戏法者希望这些理论能够飞出并且形成它们自己的一个系列,它们总是能够回到他的双手之中。"(大卫·法雷尔·克雷尔,《尼采与现象学》)

和尼采、海德格尔以及本雅明一样,德里达始终都在处理形而上学的终结这一问题,以及如何能够以哲学的方式提出这一问题,从而避免落入预定形而上学之后的未来可能会是什么样子或者它何时会发生这些陷阱之中,因为陷阱自身就会重复形而上学。作为在这一方向上迈出的第一步,德里达区分了两种未来:

有一种通常观念上的作为时间次序的未来,包括明天、之后、下个世纪等。这种未来是被编程并安排好的。

但是此外尚有另一种未来,我喜欢将其称为将要到来的未来,即"L'AVENIR"。

对德里达而言,即使据定义而言它是"不可预测的",但将要到来的未来才是"真正的未来",它不属于现在,但可能已经在进行之中。

正如在将要到来的未来（l'avenir）这一例子中，德里达的策略是把意义推迟。通过这种方式，德里达并没有装作走出或者克服了形而上学，即使他坚持认为克服形而上学是一种开放的可能性。在这个意义上，他的哲学由一系列未被解决的问题组成：

"可能"

通过提出问题并且同时推迟回答这些问题，德里达并不必然回避这些问题。"可能"是德里达最喜欢的词语之一，需要注意的是法语中"可能"（peut-être）一词是暗示力量（pouvoir）与存在（être）的两个词的结合。

我想知道"可能"一词是否先于将要到来的未来的每一种可能情况以及对其的肯定。

德里达认为"每一种肯定都必须将'如果有这样一种东西'（S'il y en a）这一短语添加到它的热烈期望之上"。

思考友谊

作为一种探究自由的共同体或者社会的方法，德里达回顾了在西方哲学和思想中有关友谊（fraternité）的问题。在有关这一话题的以往的，特别是柏拉图、亚里士多德、西塞罗、蒙田、康德以及卡尔·施密特的作品中，友谊被不约而同地视为是不可能获得的。

因此，亚里士多德被认为向着他的生命终点宣称……

朋友，根本没有朋友！

此外，在西方哲学规范中，友谊被视为一种紧密联系的共同体，一种兄弟会或男性联谊会，而这些组织都不约而同地排除了他者（l'autre），比如女性以及被边缘化者。

德里达对于这些形而上学定义的回应是:

是否可能设想并且实现一种脱离兄弟会,但又与兄弟会等同的友谊呢?

"是否可能思考并且实践一种民主,它保留了'民主'这一名字但同时也根除了所有那些友谊形象,(不论哲学还是宗教)以兄弟会之名,或者说,以家庭或者男性中心的伦理之名,为它指定的所有东西?"
——德里达

回到尼采

正如德里达所习惯的那样,这些问题清晰地表达了西方形而上学思想的问题以及明显的界限。德里达信任提问,希望这种提问——可能——有助于形而上学的终结。就此而言,德里达提问的方法与尼采一致,后者在他的《超善恶》(*Beyond Good and Evil*,1886)一书中质疑了哲学家所扮演的角色,以及他们仓促地断言某种观念和价值的倾向。

可能过往的哲学家已经背弃了他们质疑一切的责任……

可能他们的价值判断与每一种受到正面尊重的价值恰好相反,它们可能与它们的反面以及意欲达到的致命地相关,绑扎在一起,甚至在本质上相同——可能!

进一步考虑他那既坚定而又模棱两可的结论,尼采继续询问:

谁又愿意为这些危险的可能性操心呢?

为此人们必须等待一种新的哲学家的到来,与此前的哲学家相比,新的哲学家有一些不同的、倒转的嗜好以及倾向——危险的哲学家。

对尼采的讨论到此为止,至于德里达,将要到来的共同体问题——它可能超越形而上学而存在——同样也是一个关于即将到来的哲学家共同体,以及他们所代表的自由思想的问题。

男性 – 逻各斯中心主义 [1]

德里达将在场的形而上学与对于意义的控制幻想,对应于父权制下男性控制女性的传统观念。

我用"男性 – 逻各斯中心主义"一词指涉形而上学与父权制之间的紧密联系。

"Phallo"是"阴茎"(phallus)的缩写,而"logos"则是古希腊语中用于指涉理性与修辞的词语。

[1] Phallo-logocentrism,德里达发明了这一词语,源于此前已经存在的两个词语:phallocentrism,即男性中心主义和logocentrism,即逻各斯中心主义。——译者注

1949年，法国女性主义者西蒙娜·德·波伏娃写道："人性是男性的，男性通过女性与男性的关系而非女性自身来定义女性"（《第二性》），这预示了德里达对于父权制的分析。

然而后续的女性主义思想家质疑了波伏娃有关女性权力的观念，因为它重复了父权制身份的逻辑，而后者阐明了女性的"在场"。它此前被消极地定义，而现在被提升到"积极"而肯定的位置。

女性不可或缺

露西·伊莉格瑞(Luce Irigaray, 1932年生)认为女性既不拥有身份也不缺乏这样的身份:她超出了形而上学的二元论思想。女性不可能缺乏[这样的身份],因为她并不会让自己依赖一个幻想出的男性主体的整体;她外在于这样的逻辑而存在,并且如同她的欲望所引导的那样,追随着她的欲望的引导。

> 女性的欲望,通常被解释为一种无法满足的饥饿感,一种会把你整个吞下的贪婪,她们的欲望常常被惧怕。

> 然而它事实上包含着一种不同的结构,它可以逐渐破坏欲望的目标-对象,将对立的两极扩散为单一的愉悦,使忠诚不安并将其变为一种单一的言辞。

在她恰如其分命名的《此性非一》(*This Sex Which is Not One*，1977)一书中，伊莉格瑞提及了一种对于欲望的女性主义的讨论，它反对父权制下对于视觉性以及外观的强调。

"'她的'是一个自相矛盾的词语，就理性的立场来看多少有些疯狂。人们必须用他者的耳朵来聆听，如同聆听'另一种含义'，它总是在编织自己的过程之中，在拥抱词语，但同时也在摆脱这些词语。"

因为如果"她"说某些事情，它已经不再与她所意味的相同了。她所说的与任何事情都从不相同。更进一步，或可说它们是邻近的。它触及（了）。

极度欢愉（Jouissance）

极度欢愉是女性（非–父权）欲望的多个名字中的一个——这个法语词暗示多种多样的欢愉、愉快、高潮以及自我的粉碎。**朱莉娅·克里斯蒂娃**（Julia Kristeva，1941年生）对于这一术语的使用包含这些含义，但同时也表明了一种主体的"损失"经验，一种痛苦与欢愉结合而成的崇高。

克里斯蒂娃将极度欢愉的起源确定于孩子们在子宫内有持续影响的知觉经历中，以及先于引起分裂的语言和父权制身份——弗洛伊德称为恋母情结和父权律法[1]——的母子关系中。

---

[1] 父权律法一词由弗洛伊德提出，指父亲对孩子无意识中的乱伦倾向的禁止。拉康进一步指出，这里的父亲更多是象征性的。——译者注

表象的空洞

克里斯蒂娃认为特定形式的精神病,比如抑郁和忧郁,揭示了一种表象无法触及的身份的空洞。

荷尔拜因的画作《基督遗体》并不是死亡的表象,它是一种中断,一种空白。

在马拉美等作家的作品中,意义往往是隐晦的,克里斯蒂娃观察到其影响主要是美学上的以及情感上的。

这类被克里斯蒂娃称为"符号学的"写作超出了一般符号主义的表象(这个意味着那个),甚至也超出了梦境通常的解释性叙述。"马拉美的诗将'梦境'呈现为未完成或者未被修饰的状态,好像我们就处于做梦者的处境之中,在此情况下各种元素都是极端碎片化的。更进一步,那里没有图像,只有声音以及大量语义的、词法的关系。"

作为一个在职的心理分析家，克里斯蒂娃认为，在当今患者的叙述中，身份认同方面的危机比弗洛伊德曾经的患者更加明显。通过治疗处于不同压抑状态的精神疾病，克里斯蒂娃发现患者的梦境非常接近马拉美的碎片化的诗歌。

精神分析的实在发生了某种意义上的变化。我认为我们对于坚持符号化的道德有着更强的需求，因为在当今患者的陈述中，程度比曾经更加明显。

作为生产者的主体

1968 年之后的数十年来，米歇尔·福柯借助主体能够生产商品和财富的假设和观念，分析了主体在社会–政治层面的形成。与马克思不同，在福柯的论述中，生产的主体并不先验地存在从而被权力影响或统治，而是自身就通过不同方式的权力的作用而被构建。

如此，主体就被通过有关生产的言辞网络来理解，因为这些言辞塑造以及宣告了它们对于工作、休闲、健康、教育以及身份等的态度。

私人与政治

福柯观察到从18世纪起,随着资本主义的兴起,新的政治权力的概念及其运作在西方得到了发展,并且替代了在古典时代被思考的那些概念。在古代,某人在家中的私人存在与其在政治领域(在古希腊语中为polis)的存在是被区分开来的。

生产生产者

在 19 世纪,马克思提出社会之内的权力关系可分为**统治**与**服从**,它们塑造了资本主义中老板和员工之间的政治和经济关系。然而,福柯认为马克思对于资本主义权力关系的分析是还原性的。

> 如今的社会以管理和效率为中心,对于城镇和道路的组织,生活的条件——习惯、饮食,以及其他——员工的数量、他们的生命周期、他们与工作有关的能力和适应性,都变得重要起来。

如今对权力而言,问题不仅仅是管理**劳动时间**,也包含管理**生命时间**。

生命政治学：权力的多种动力

福柯认为权力并非只有"自上而下"、从老板到员工这一种方向，权力更加广泛地分布于每一种社会关系之中，包括男性与女性、老师与学生、医生与患者、雇主与员工等关系。

更进一步，这些关系的每个方面都不仅被法律所控制，而且也被多种进程所控制——福柯用"动力"一词来指称——这些进程包括对于资源的管理，通过工作日程以及时间安排对机构的规范化，对于在家、在公司以及在环境中的存在的监视（特别是通过使用经验上以及统计上的研究），以及对于个体和集体福祉的保障。

为了描述这个由多种权力形成的世界，我使用了**生命政治学**这一概念，它指"生命的进程"。

福柯注意到，在后现代，生命政治学逐渐被**安全**的逻辑所主宰，而不是像从封建时代到现代那样被纪律所主宰。

这种纪律化的方法被隔离政策所强化。将那些被视为有病的、处于边缘的或是不正常的人隔离在医院、监狱或是诊所之中。

隔离政策是在一个规范模型的基础上实施的，而后者能够决定何事被禁止以及何事被允许，何事是正常的以及何事是反常的。

为了规范而监视

安全的逻辑包含了新的程序和知识——例如，通过接种疫苗来治疗疾病，通过标记来应对犯罪——这些程序和知识是为了不采取隔离措施而把全部人口都考虑在内。一种更加精致的、有差别的针对规范化的制图学，可以通过统计学，通过计算每个年龄群体、职业群体、城市以及城市之内的每个街区的风险来设计。

虽然福柯认为主体仅仅是统计学监视的多种进程之内的数字，这看起来是一种邪恶的想法，但他尽力想要指出在这样的"体系"之内并没有预先设定的计划或是整体的安排。

因为这一安全体系是以差异观念为参照的,而不是像在纪律方法中以严格的善恶观念或规范观念为标准,所以这一体系对于容忍和变化就有着更大的余地。考虑到艾滋病的流行,福柯认为这一体系并未严格到无法改变态度。

恐怖主义国家

尽管福柯对此持有谨慎的乐观态度,如今安全的逻辑在所谓的西方民主国家中有了一种新的、极权主义的转向。意大利哲学家**吉奥乔·阿甘本**(Giorgio Agamben,1942年生)就深入探索了这一点,他认为在"9·11"恐怖袭击事件之后,对于"恐怖分子"的认定,变成了支撑美国国家权力有效胁迫其公民这一意识形态的关键。

面对世界范围的恐怖主义威胁所激起的紧急或者"例外"状态,这种"我们国家"呼唤法律规则,以使自己能够免受这种法律规则的制约。

美国在关塔那摩的监狱就处于法律之外,但同时在那里,法律的暴力也通过迫害和折磨而得到彰显。

分离暴力和法律

阿甘本自己想将暴力和压迫与法律分离。对于阿甘本而言,暴力并非法律的本质——因为法律并无"本质"可言,事实上,任何东西也都没有本质。像瓦尔特·本雅明一样,阿甘本与那些古典神话保持着距离,这些神话必然地将法律和惩罚、暴力联系起来。

比如普罗米修斯(他被绑在石头之上,因为他从神那里偷取火种,他的肝脏被一只鹰反复地啄出)……

和俄狄浦斯(他变得目盲而又贫穷,因为他杀父娶母)之类的神话。

语言的力量

为了重新评价法律，阿甘本转而研究大屠杀的幸存者**普里莫·莱维**（Primo Levi，1919—1987）的作品，后者写了他在奥斯维辛集中营里的经历。阿甘本曾这样评论莱维："他是唯一一位有意识地着手从'穆斯林'[1]、溺死者、那些被摧毁以及触及最低点的人的角度出发做见证的人。"

"穆斯林"（字面意思是"Muslim"）是给这些集中营中的人起的一个名字，他们由于遭受了野蛮的对待而丧失了回应以及与环境互动的能力。这些"穆斯林"到达了阿甘本称为"赤裸生命"的状态，或者说与语言的权力分离开来的动物性的存在。

因此，对于一个"穆斯林"而言，甚至说"我是一个'穆斯林'"都是不可能的。

---

[1] 在本书中，穆斯林一词译自德语 der Muselmann，不是指伊斯兰教信徒，而是指集中营中已经被他们的同志放弃的犯人，他们不害怕死亡，是活死人。——译者注

莱维的作品用语言证实了他没有经历过也不可能经历的一段经验：被剥夺了语言的经验。对于阿甘本而言，这立即揭示了人类语言与政治权力之间的某种重要关联。

虽然政治力量，或者"法律"甚至可以将人类的存在与其使用语言的能力分开，但莱维的作品却证明可以通过**使用语言**来与此斗争。

莱维作为一位目击者，见证并反抗着法律的暴力。但此外，就其作品反映了没有语言可能会是什么样而言，它证明了语言恰好存在于人类与非人类不稳定的界限边缘之上。

"好似没有"

阿甘本的兴趣不在于鼓吹一个新的世界秩序或者可能的未来处境,而在于通过"好似没有"的方式将古老的身份或者体系悬置,或者使其无法运行,来看看将会出现什么。

这里的关键词是"katergesis",圣保罗在使徒书信中将其描述为在弥赛亚到来时律法的"实现"。

Katergesis 来源于古希腊语 Argeo,因此也就来源于 Argos,其含义是"我使得功效无法运行、失效从而被悬置起来"。

既非天堂亦非地狱

阿甘本对基督教神学中未受洗礼婴儿的灵魂的命运的解释,提供了一个进一步的例子来说明一种方式——它可以使一种向着某个目标的行动变得无效,从而使其自己打开一种新的用途。

这些灵魂的"贫穷之处"在于它们既不处于地狱,因为它们是无辜的;也不处于天堂,因为它们未受洗礼。

因此,阿甘本说它们无可挽回地迷失了——然而这也允许它们在神圣的遗弃中毫无痛苦地活下去!

"我倾向于不干"

赫尔曼·梅尔维尔的故事《书记员巴特尔比》("Bartleby, the Scrivener",1853)很好地说明了阿甘本的无效性这一概念。这一故事围绕着一个从事法律文案工作的职员展开。在他从事这个工作的第三天,当他的雇主要求他将一份文件的副本与其原本做比较的时候,巴特尔比回答他"倾向于不干"。

对于此后要求他做不同种类的任务的命令,巴特尔比保持着同样的回答……

我倾向于不干。

这种拒绝所带来的迷惑是如此巨大,以致他的雇主最终决定通过更换办公室来摆脱他的书记员。

中产阶级的黑洞

阿甘本极端的政治观念引向了他所说的"即将到来的共同体",而后者又处于围绕着现代主体形成的矛盾之内。阿甘本宣称不再有所谓的社会阶层,而只有一个单一的、行星式的小资产阶级,所有旧有的阶层都被融解在其中。阿甘本对于这一阶层沉入虚无主义的程度感到惊讶,特别是它对任何可辨认的社会身份或本真话语的拒斥,他们本可借此要求权力。

在这个意义上,小资产阶级既是均质的,也很像一个黑洞。

阿甘本宣称："那些构建起在地球上一代又一代的人的真和假的东西——语言、方言、性格、习俗，甚至身体特性的差异——对于[小资产阶级]而言都失去了意义，他们失去了任何表达和交流的能力。"

然而阿甘本认为有一个因素——死亡——逃脱了小资产阶级的掌控，从而迫使对方承认：

死亡的他异性

然而,阿甘本指出一种希望,即通过面对死亡(这一事实)——它对于每一个人来说都是一种独特的、对于他异性的"经验",不可分享也不可知——小资产阶级可能会放弃向均一身份的滑落。

如此它们就会第一次进入一个没有预设且没有主体的共同体,伴随着那些不可交流的东西进入一种交流之中。

因此,阿甘本的哲学将**个体性**——死亡和对于他异性的经验——与**普遍性**,一个分享各自他异性的共同体,结合了起来。

零度语言

阿甘本的哲学方法与雅克·德里达的有着明显分别。对于德里达而言,同一性从来不完全与自身相同——与自身的绝对同一性或对于自身的意识是一个幻想。因此,语言和意义处于恒定而无限的对于意义的延期或推迟之中。然而,阿甘本认为普里莫·莱维的作品以及梅尔维尔的故事《书记员巴特尔比》揭示了语言可以存在于"零度"。

"零度"是一种相当于间隙的缺席,一种符号值为零的无效空间。

= 0

德里达认为超越形而上学的未来时间是不可避免的,然而它被延迟了,所以也是一种迄今为止还未知的前景。对于阿甘本而言,未来的时间——或者说"弥赛亚"时刻,这是一个犹太神学的术语,指的是紧随弥赛亚之后到来的时刻——使用、反驳、挖空并且抵消了线性的、编年的时间,从而准备好了后者的终点。

线性时间总是接近于被弥赛亚时刻抓住,从而打开在它们的宗教组织中被亵渎的和谐与救赎的可能性。

阿甘本用动物在猛冲之前积聚能量的图像来描述为时间尽头做准备。

德勒兹:"精神分裂分析"

吉尔·德勒兹(Gilles Deleuze,1925—1995)着重借用康德《判断力批判》的分析方式,后者探索了在知觉和感觉中对于他异性(与未知的综合)的经验是什么样的,从而发展出一种极端形式的哲学,他称为"精神分裂分析"。德勒兹通过将无意识强调为精神欲望和生产的主要来源,从而反对了先入为主的主体观念。在这一计划中,他被多样的文学、电影以及哲学遗产所引导。

被对他者的经验所陶醉的尼采的狄奥尼索斯能量这一概念,以及巴塔耶有关支出和消耗的太阳的经济学是极端重要的。

德勒兹同样也被弗洛伊德就过度充分的欲望做出的暗示性陈述所吸引：

在无意识中"无"并不存在。

德勒兹批评弗洛伊德，因为后者并没有把这一对无意识的无限性的陈述坚持到底，而是后退到如下观念：欲望为不间断的未实现感和精神的"匮乏"所驱动。

这种精神的"匮乏"被认为发源于恋母情结——在语言的力量和以通过禁止乱伦的形式表现的父权律法的双重作用之下造成的孩子与母亲的分离。

根据心理分析，个体的"我"是一个想要重新获得母子间原初统一的主体，但同时也害怕违反道德的后果。

反－俄狄浦斯

在《反－俄狄浦斯：资本主义与精神分裂症》中，德勒兹和他的合作者**费利克斯·瓜塔里**（Félix Guattari，1930—1992）用一个存在于边缘的、无固定身份的、去中心化的主体，来替代被"匮乏"所驱动的欲望主体这一心理分析概念，前者只能通过它所经历的状态而被定义。

对于欲望和转变的强烈感觉通常被描述为幻觉（我看见，我听见）以及谵妄（我认为），这些都预设了一个主体＝我感觉。

事实上，谵妄和幻觉都是第二位的，真正主要的情感最终只会经历紧张、生成和转变。

《变形记》：精神分裂式的欲望

德勒兹和瓜塔里阅读弗朗兹·卡夫卡的故事《变形记》——一位年轻的旅行推销员，格里高尔·萨姆沙，和他的家人住在一起，但是一夜之间却变成了一只甲虫——不是就寓言或者精神分析的表象而阅读，比如那些被压抑的暴力或者罪恶的感觉。

这个故事不应该用精神分析的术语定义，即格里高尔对于其家庭成员的欲望以愧疚感得到展现。

相反，我们将这个故事视为一种"精神分裂式"欲望的形式，在其中存在着纯粹感觉的附着和关联……

在《变形记》的开端，格里高尔从一本插图杂志上剪下来一幅图，图上画着"一位戴着皮帽子围着皮围巾的女士，她笔直地坐着，把一个套在她整个前臂上的暖手筒递给观众"。这幅画在格里高尔变形之后发挥着重要作用，它现在则被装裱并悬挂在他卧室的墙上。

格里高尔被这幅画——一位女士淹没在皮毛之中——所吸引，他很快爬到画上并将他自己紧紧挤在玻璃上。这是一个贴在上面很舒服的表面，可以使他发烫的肚皮变得舒服。

对格里高尔贴在画上进行精神分析性解释，可能会将其视为某种形式的恋物癖，其中裹着皮毛的女士既表现了对于母亲理想化的、错位的性向往，同时反过来也表现了对于她的美丽的恐惧。

但是德勒兹和瓜塔里提供了一种完全不同的解释，他们将其视为一种精神错乱的"飞行"航线，或是从压抑与封闭的机构——包括但不限于恋母情结——中的逃离。

格里高尔对于裹在皮毛里的女士的挂画的迷恋变为——字面意义上——一种身体上的联系，在这种联系中，格里高尔/甲虫以及那个图片-对象处在一种转变状态，在一种纯粹赤裸的、去除了所有形状和形式的紧张的状态之中互相依存。

163

无器官身体

德勒兹和瓜塔里对于卡夫卡《变形记》中的欲望的处理主要是就"感觉"而言的,因为后者先于感官知觉发生。

我们如此思考身体——我们称之为"无器官身体"——它不是一个统一的有机体,而是一种转变和感觉的表面,一种同等地分布于整个质量之中的力和强度的质地和弹性。

感觉以波和节奏的形式穿过身体,后者将其可感知的位置或部分的组织合并为震动或抽搐。

这样多种形式的内脏经验,其中包含一系列的感觉输入和潜能,并不遵循一个作为功能性的统一体或有机体的、能够与其他人类、动物和世界区分开来的规范的身体概念。

德勒兹和瓜塔里从超现实主义作家和艺术家**安托南·阿尔托**(Antonin Artaud,1896—1948)那里继承了无器官身体这一概念。引用阿尔托,他们宣称:

"没有嘴。没有舌头。没有牙齿。没有喉咙。没有食管。没有肚皮。没有肛门。"这是一种完全非有机的生命,因为有机体不是生命,而是囚禁了生命。身体是完全活着的,然而是非有机的。

德勒兹通过**弗朗西斯·培根**（Francis Bacon，1909—1992）的画作探索力比多身体的欲望这一概念。德勒兹指出培根的画作并不是关于暴力或破坏的形象的作品，而是从肉体的紧张中表达出——歇斯底里般——强烈的波，后者超出了有机活动的界限。

"为了身体而拆解有机体，为了头脑而拆解脸；无器官身体是肉体和神经；一列波穿过它并在其中追溯不同的等级；当波遇到了作用于身体之上的力时就会产生感觉：尖叫的呼吸。"

对于德勒兹而言，从根本上来看，培根的画作与残酷或是对于某些糟糕的东西的表象毫无关系。并非感觉，它们仅仅是"作用于身体，或是感觉上的力"。

纯粹内在

虽然诸如德里达、福柯以及阿甘本都从表象"即将到来的共同体"中撤回,但是德勒兹的哲学放弃了任何意义上的限制,并把所有这些观念扔到正统精神治疗史的垃圾箱里。

跟随着尼采对康德突破性批判哲学的令人愉快的理解,我的哲学跳入了他异性的经验旋涡之中。

德勒兹不认为人类的生命是一种可以被实现的可能性,而是将这种可能性视为事实,或者"内在",它已经是创造性的和表现性的。德勒兹认为,生命就其定义而言,寻求将自己的实在表现于它的全部不同的潜能和力之中。

挣脱镣铐

这样的力可以是积极的或是消极的，主动的或是反应的，创造性的或是（自我-）解构性的。不论如何，德勒兹说：欲望不会思考为什么，或者事先询问对于他异性的经验会不会产生某些积极的东西，因为这也会重新陷入形而上学。

> 在哲学和政治上重要的是人性应该拒绝将意义，或者事实上任何价值和身份，归于生命这一倾向。

此外，从康德到尼采再到德勒兹，欧陆哲学传统的意义在于它努力挣脱表象的镣铐，后者诱捕了人性和生命——不论以什么为赌注，结果会怎样。

词汇表

辩证法（Dialectics）：辩证法对于不同哲学家而言有着不同的含义。在柏拉图哲学中，它是指他自己的修辞论证的形式。对于黑格尔而言，辩证法是指那些互相敌对但又互相关联的历史动力这一概念，因为它们的关系根本上是不稳定的，会导致变化——这可以用如下公式加以总结：正题，反题，合题。马克思改写了黑格尔的辩证法，用这一概念来描述资本主义之下无产阶级与资产阶级的社会及政治冲突。尼采，以及稍后的德勒兹，用这一术语来批判性地指代围绕着一个理想的同一体的任何形式的二元思想。参见**意识形态**和**形而上学**。

狄奥尼索斯（Dionysian）：尼采认为公元前5世纪，希腊人埃斯库罗斯和索福克勒斯所写的伟大悲剧的节奏、活力和音乐和谐，来源于向狄奥尼索斯献祭的古老节日中的催眠和醉人的节奏。尼采将这种对狄奥尼索斯的崇拜与希腊人自己准备向无意识的欲望和变化的动力敞开联系起来。

话语（Discourse）：话语是一个从拉丁语中发展出来的术语，指的是推理的过程或力量；同时其字面意思是"跑来跑去"（running about）。通俗地说，话语指的是任何理论或哲学讨论、辩论以及探究的对象。

经验主义（Empiricism）：经验主义与苏格兰哲学家大卫·休谟（David Hume，1711—1776）有关，他挑战如下观念：结果和事件可以被必然地追溯至原因。因此，他宣称知识并不产生自先验（在结果发生之前就被给定），而是后验的（经验结果之后）。休谟的哲学对于康德以及此后的德勒兹都很重要。

存在主义（Existentialism）：存在主义是从19世纪末开始持续至今的哲学和文化现象。它是对存在的思考：有虚无主义形式的存在主义，一言以蔽之，即"宇宙是荒诞的"或"他人即地狱（萨特）"等——这与海德格尔版本的存在主义相对，后者的存在主义主要指一种本真的存在形式，为此他发明了生存性一词。

解释学（Hermeneutics）：解释学将对象或者标志视为某些更广泛的实在的线索或征兆，后者将其表象为它的最终真理。一个例子是海德格尔对希腊文化中神庙的历史意义的解读。

观念论（Idealism）：参见**意识形态**、**形而上学**和**马克思主义**。

意识形态（Ideology）：广义的意识形态是指任何信念的体系及其隐含的假设和价值。更加具体而言，追随着尼采的声明，"我担心我们无法摆脱上帝，因为我们仍然相信语法"，拉康强调所有语言的以及符号的交流与交换体系如何通过被指定的主体位置而发挥作用，由此可以交谈或行动："我""你""我们"及其他。在这些位置之内交谈以及行动会不可避免地忽视那些中介，在这些中介中交流被建构，由此重新产生了意识的理想化概念以及清楚的意义。参见**形而上学**与**马克思主义**。

马克思主义（Marxism）：马克思主义是一种知识传统以及一种政治行动。近来的马克思主义学者，比如斯拉沃伊·齐泽克论证道：马克思并没有过多寻求资本之中的商品交换背后的秘密，更加重要的是交换的形式自身的秘密。这种形式是影响、建构在买卖商品中协商的价值的符号体系。参见**意识形态**、**形而上学**以及**现代性**。

形而上学（Metaphysics）：作为一种宗教信念的形而上学认为有两种世界的存在：一种更高的"真实世界"，它是一种超验的存在的王国，永恒而不变；与它的"堕落"相对，即人类居住的世界——一个最终被有限性和有朽性规定的世界。如此，后一种世界被认为是有缺陷并且"匮乏"的。此后，形而上学开始指任何围绕着一种理想化的统一的身份、主体或意识的意识形态。参见**意识形态**与**马克思主义**。

现代性（Modernity）：在马克思主义知识传统中，现代性以一种从中世纪的封建主义向以市场经济为基础的资本主义——工人在其中出售他们的劳动力——的转变为特征。与工业化息息相关的劳动分工的增长以及消费者社会的壮大标志着现代性的准确开端。对于海德格尔而言，现代性是随着前苏格拉底时代以及基督教时代而来的历史时期，它以一种工具形式的思想为特征，在这里手段从属于可被计算的终点和目的。

现象学（Phenomenology）： 现象学反对命题真理以及主体－客体的区别，它并不关注被观察到的客体的本质，而是关注观察它们的经验。现象学是由埃德蒙德·胡塞尔（Edmund Husserl，1859—1938）的哲学发展出来的，并且与后来的哲学家，比如海德格尔以及梅洛－庞蒂（Merleau-Ponty，1908—1961）有关。

后现代主义（Postmodernism）： 在某些场合，后现代主义可以包含后结构主义（见后文）。此外，它指的是在资本主义中，工业化时期之后的历史时刻，它以数字和视觉形式的复制和交流为特征。参见**现代性**。

后结构主义（Post-structuralism）： 后结构主义是指在战后时期到1968年的暴动这段时间登上舞台的关系松散的一群法国哲学家。他们反对形而上学，支持变化与改变（德勒兹）并且关心这样的变化与改变如何能够以语言的形式或是符号的形式所表象这类挑战性的问题（德里达、南希、巴迪欧）。相应地，这一问题决定了在现代性的乌托邦理想崩溃之后他们处理时间、未来以及共同体等问题的方法（参见福柯、阿甘本以及朗西埃）。

浪漫主义（Romanticism）： 浪漫主义是18世纪中期至19世纪中期在艺术和哲学方面的西方文化现象。它在哲学方面最大的遗产——在康德有关崇高的理论中得到总结——是将经验视为淹没性的，超出了主体的掌控。

延伸阅读

以这本书为指导,读者可以通过阅读和/或浏览主要的文本从而更深入地探地探索欧陆哲学。最好从选自某位哲学家著作的选集或读本开始。就此而言,我自己的《艺术哲学家,从康德到后现代主义者,一个批判性的读本》*中包含 25 个精选的文本,每个都有介绍,也很有用。通常,阅读欧陆哲学的挑战来自所涉及思想的深奥本质或哲学家的写作风格;然而,有许多哲学家以散文形式写作,从而有助于理解。例如,弗洛伊德、本雅明、克里斯蒂娃、利奥塔、朗西埃、阿甘本和齐泽克。读本涉及这些作家的著作集。另一种理解欧陆哲学的方法是通过哲学家的谈话和讲座的录音,这些现在可以在互联网上找到。

以下是哲学家的著作清单,是将本指南中提到的每个主要哲学家的一本书综合成一个清单:

Adorno, Theodor and Horkheimer, Max. *Dialectic of Enlightenment*. Translated by John Cumming. London and New York: Verso, 1997.

Agamben, Giorgio. *The Coming Community*. Translated by Michael Hardt. Minneapolis: University of Minnesota Press, 2007.

Badiou, Alain. *Being and Event*. Translated by Oliver Feltham. London and New York: Continuum, 2005.

Bataille, Georges. *Visions of Excess: Selected Writings, 1927–1939*. Edited and translated by Allan Stoekl. Minneapolis: University of Minnesota Press, 1991.

Benjamin, Walter. *Illuminations*. London: Fontana/Collins, 1982.

Deleuze, Gilles and Guattari, Félix. *A Thousand Plateaus: Capitalism and Schizophrenia*. Translated by Brian Massumi. London: Athlone Press, 1988.

Derrida, Jacques. *Of Grammatology*. Translated by Gayatri Chakravorty Spivak. Baltimore and London: Johns Hopkins University Press, 1976.

Foucault, Michel. *The Order of Things: An Archaeology of the Human Sciences*. London: Tavistock Publications, 1986.

---

* *Philosophers on Art, From Kant to the Postmodernists, A Critical Reader*, New York: Columbia University Press, 2010.

Freud, Sigmund. *The Interpretation of Dreams.* Translated and edited by James Strachey. London: Penguin Books, 1975.

Hegel, Georg Wilhelm Friedrich. *Phenomenology of Spirit.* Translated by A.V. Miller. Oxford: Oxford University Press, 1977.

Heidegger, Martin. *Being and Time.* Translated by John Macquarrie and Edward Robinson. Oxford: Blackwell, 2006.

Kant, Immanuel. *Critique of Pure Reason.* Translated by Norman Kemp Smith. London: Macmillan, 1990.

Kristeva, Julia. *Desire in Language: A Semiotic Approach to Literature and Art.* Edited by Leon S. Roudiez. Oxford: Basil Blackwell, 1987.

Lacan, Jacques. *Écrits: A Selection.* Translated by Alan Sheridan. London and New York: Routledge, 2006.

Lyotard, Jean-François. *The Postmodern Condition: A Report on Knowledge.* Translated by Régis Durand. Manchester: Manchester University Press, 1986.

Marx, Karl. *Capital, A Critique of Political Economy.* Translated by Ben Fowkes. Vol. 1. London and New York: Penguin Books, 1990.

Nietzsche, Friedrich. *The Portable Nietzsche.* Edited and translated by Walter Kaufmann. New York: Penguin Books, 1976.

Rancière, Jacques. *The Philosopher and His Poor.* Translated by John Drury, Corinne Oster and Andrew Parker. Durham and London: Duke University Press, 2003.

Sartre, Jean-Paul. *Being and Nothingness, An Essay on Phenomenological Ontology.* Translated by Hazel E. Barnes. London: Routledge, 2001.

de Saussure, Ferdinand. *Course in General Linguistics.* Translated and annotated by Roy Harris. London: Duckworth, 1983.

Žižek, Slavoj. *Looking Awry: An Introduction to Jacques Lacan Through Popular Culture.* Cambridge: MIT Press, 1991.

致谢

作者致谢：

我要感谢那些为本书的准备做出过贡献的人,特别是邓肯·希斯、皮耶罗以及凯瑟琳·亚斯,我衷心地感谢他们。我将本书献给凯瑟琳和安娜·西娅。

艺术家致谢：

我要感谢邓肯·希斯和克丽丝,与他们一起工作很愉快。

我要把这本书献给我的父亲奥斯瓦尔多、西尔温娜以及我的全家人。

http://pieropierini.wix.com/drawings

索引

阿兰·巴迪欧 Badiou, Alain 3, 109-112
安托南·阿尔托 Artaud, Antonin 165

暴力与法律 violence, and the law 79, 147
悲观主义 pessimism 45-46
边缘化 marginalization 117-118
辩证 dialectic 64
不确定性 uncertainty 68

层级 hierarchy 40
查拉图斯特拉 Zarathustra 58-59
查理·卓别林 Chaplin, Charlie 83, 102
崇高 sublime 35-37, 49, 52, 115-116
创造性 creativity 1
此在 Dasein 67-68
存在主义 Existentialism 104

德国哲学家 German philosophers 3-4
　　德国哲学家的背景 context 60-61
狄奥尼斯斯能量 Dionysian energy 86, 158

法国哲学家 French philosophers 3-5
法兰克福学派 Frankfurt School 61-62, 73-75
费利克斯·瓜塔里 Guattari, Félix 160-165
费尔迪南·德·索绪尔 Saussure, Ferdinand de 120, 122
分析哲学 Analytic philosophy 6-9
　欧陆哲学对抗分析哲学 Continental philosophy vs. 6-8
弗朗兹·卡夫卡 Kafka, Franz 161-164
弗里德里希·尼采 Nietzsche, Friedrich 1, 3, 11, 38-46, 53-60
　　尼采论超人 on Overman 58-59
　　尼采论狄奥尼斯斯能量 on Dionysian energy 86, 158
　　尼采论康德 on Kant 38, 46-47, 50, 53
　　尼采论科学 on science 43-44
　　尼采论哲学家 on philosophers 128-129
　　尼采论宗教 on religion 38-42, 55-56
　　尼采与赫拉克利特 and Heraclitus 15
　　萨特回应尼采 Sartre response to 97
父权律法 father, law of 134, 159
父权制 patriarchy 130-131

感觉 sensation 15, 158, 161, 164, 166
格奥尔格·W.F.黑格尔 Hegel, Georg W.F. 3, 63-65
共产主义 Communism 72, 103, 109-112
"拱廊计划" "Arcades Project" 78
共同体 community 118-119, 129
　　将要到来的共同体 coming 129, 153, 167
观念论 * idealism 42, 46
规范化 normality 143-144
规则 rules 21-22
　基本规则 fundamental 24
过度 excess 90

"好似没有" "as if not" 150
后结构主义 post-structuralism 105
后现代主义 postmodernism 105, 114
话语 discourses 19

基督教 Christianity 56, 63-65, 151
　　承诺 commitment 102
　　线性时间 chronological time 157
吉奥乔·阿甘本 Agamben, Giorgio 146-157, 167

---

* 对于 idealism 一词存在诸多不同的翻译方法，本人翻译时根据强调重点的情译为"理想主义""唯心主义"等。——译者注

175

极度欢愉 jouissance 134-135
吉尔·德勒兹 Deleuze, Gilles 158-168
纪律 discipline 143
技术 technology 60-61
交换中介 exchange, medium of 26-29
交流性的体系 systems of communication 21
解放 emancipation 103, 109-110
解构 deconstruction 121
解释学方法 interpretive approach 11
进步的风暴 progress, storm of 85
精神 Spirit 64
精神病 psychosis 136, 138
精神分裂分析 schizoanalysis 158
经验 experience 16

卡尔·马克思 Marx, Karl 26-29, 139, 141
开支的哲学 expenditure, philosophy of 87-89
"可能" "peut-être" 125, 128
科学 science 43-44, 74
"匮乏" "lack" 159-160

勒内·笛卡尔 Descartes, René 9, 20-21, 92-93
力 power
    对于权力的欲望 desire for 55
    新的权力关系 new relations of 141-145
    语言的力量 of language 148-149
历史学方法 historical approach 11
理性主义 rationalism 68
力学的崇高 dynamic sublime 36-37
恋母情结 Oedipus complex 134, 159-163
"零度" "degree zero" 156
路德维希·维特根斯坦 Wittgenstein, Ludwig 8-9
露西·伊莉格瑞 Irigaray, Luce 132-133
逻辑 logic 8

马丁·海德格尔 Heidegger, Martin 3, 15, 59-63, 65-71, 96
马克斯·霍克海默 Horkheimer, Max 73
马克思主义 Marxism 5, 75, 104
米歇尔·福柯 Foucault, Michel 18-19, 139-146, 167
民主 democracy 117，127
目的论 teleology 63

纳粹主义 National Socialism 65-66
男性 masculinity 130
男性－逻各斯中心主义 phallo-logocentrism 130
诺姆·乔姆斯基 Chomsky, Noam 16-17

欧陆哲学 Continental philosophy
    分析哲学对抗欧陆哲学 Analytic philosophy vs. 6-8
    欧陆哲学的定义 definition 2-3

普遍性 universality 155
普遍真理 truths, universal 18
普里莫·莱维 Levi, Primo 148-149, 156
谱系学 genealogy 11

乔治·巴塔耶 Bataille, Georges 86-91, 158
权力意志 will to power 54-55, 57
群众运动 mass movements 110

让-保罗·萨特 Sartre, Jean-Paul 96-104
让-弗朗索瓦·利奥塔 Lyotard, Jean-François 113-116
人性 human nature 16, 18
人脑的极限 mind, limits of 116
认识的界限 understanding, limits of 69
认识型 epistemes 62, 67-69

上帝 God

上帝和人 and Man 63-64
上帝之死 death of 38-40
生命政治学 biopolitics 142-143
时间 time 157
实在 reality 91-93
数学的崇高 mathematical sublime 36
斯拉沃伊·齐泽克 Žižek, Slavoj 5, 91, 107, 109
私人与政治 political, private and 140
死亡 death 154-155

他异性 alterity 34-35, 46, 51, 155, 158, 167-168
他者 Other 34, 53, 126
同一性* identity 31, 33, 34, 48

瓦尔特·本雅明 Benjamin, Walter 61, 73, 78-85, 147
无 nothingness 53-54
无器官身体 body without organs 164-166
无意识 unconscious 12, 25, 158-159
物自身 noumenon 30, 47, 49

西奥多·阿多诺 Adorno, Theodor 73
西格蒙德·弗洛伊德 Freud, Sigmund 138, 159
西蒙娜·德·波伏娃 Beauvoir, Simone de 102, 131
现代性 modernity
　　现代性的问题 problem with 66
　　现代性的终结 end of 62
象征系统 symbolic order 21-26, 91
消费，作为欲望 consumption, as desire 75
小资产阶级 bourgeoisie, petty 153-155
心理分析 psychoanalysis 5, 91-92, 138, 159

---

* 这一术语由于含义广泛，并不一定译为"同一性"。在描述人时往往酌情译为"身份"。——译者注

信仰 faith 30
形而上学 metaphysics 30, 40-43, 47, 49, 119
　　克服形而上学 overcoming 53
　　形而上学的终结 end of 123-128
　　形而上学与语言 and language 42
　　在场的形而上学 of presence 119-120, 130-131
　　走后门的形而上学 by back door 50
虚无主义 nihilism 45, 59, 153
选择的自由 freedom of choice 99-102

雅克·德里达 Derrida, Jacques 119-131, 156-157, 167
雅克·拉康 Lacan, Jacques 21, 25-26, 91, 94-95, 107
雅克·朗西埃 Rancière, Jacques 117-118
压迫 repression 10-12, 16, 58, 79, 147
异化 alienation 83, 113
伊曼努尔·康德 Kant, Immanuel 3, 30-38, 46-53, 114-116, 158
意识 consciousness 20-21, 73
意识形态的瓦解 ideologies, collapse of 108
艺术 art 70, 76-77, 116
意义 meaning 120
　　意义依赖于符号性体系 dependence on symbolic system 24
欲望 desire
　　充分的欲望 plenitude of 159
　　精神分裂式的欲望 "schizophrenic" 161
　　女性欲望 feminine 132-135
语言 language 21, 23
　　"零度"语言 at "degree zero" 156
　　语言背后的混沌 chaos behind 97-99
　　语言的力量 power of 148-149
　　语言的使用 using 149

在场 presence 119-120, 130-131

政治 politics 118
知识 knowledge 30-33, 47-50, 54, 113-116
　作为添加的知识 as additive 32
朱莉娅·克里斯蒂娃 Kristeva, Julia 134-138
主体"我" subject "I" 16, 159
资本主义 Capitalism 26-29, 51, 75, 77, 108-109, 140-141

为财富服务 service of wealth 112
　资本主义和科学 science and 78
自我 self 16, 20-21
自由的经验 freedom, experience of 116
综合 synthesis 32-34, 50, 52-54, 57
宗教 religion 40-42
作为生产者的主体 subject, as producer 139

图画通识丛书

第一辑

伦理学
心理学
逻辑学
美学
资本主义
浪漫主义
启蒙运动
柏拉图
亚里士多德
莎士比亚

第二辑

语言学
经济学
经验主义
意识
时间
笛卡尔
康德
黑格尔
凯恩斯
乔姆斯基

第三辑

科学哲学
文学批评
博弈论
存在主义
卢梭
瓦格纳
尼采
罗素
海德格尔
列维-斯特劳斯

第四辑

人类学
欧陆哲学
现代主义
牛顿
维特根斯坦
本雅明
萨特
福柯
德里达
霍金